CONTES

MIS EN VERS

Par

UN PETIT COUSIN DE RABELAIS.

A LONDRES

et se trouve

A PARIS chez RUAULT, Libraire,

ruc de la Harpe.

M.DCC.LXXV.

AVERTISSEMENT.

LA Fontaine a fait mes plus chères lectures & les délices de toute ma vie. Cela ne m'autorise pas sans doute à conter après lui. D'ailleurs, sa manière est inimitable. J'ai donc succombé à la tentation, sans avoir trop été le maître d'y résister. La réflexion arrête, mais le goût entraîne. Quoi qu'il en soit, il est question à présent de dire un mot sur mon travail, puisque j'ai osé m'y livrer. Je me suis appliqué à jetter beaucoup de variété dans mon Ouvrage ; car, selon un homme d'esprit,

L'Ennui naquit un jour de l'Uniformité.

J'ESPERE que les scrupuleux me passe-

A.

ront quelques gaités. Il faut bien rire quelquefois. Quant aux belles Dames, je leur donne pour excufe ces vers du Maître :

Chaftes font les oreilles,
Encor que les yeux foient fripons.

PARENT de Maître François Rabelais, je ferais trop heureux fi les zélés Partifans du charmant Curé de Meudon me prenaient fous leur protection. Je pourrais compter fur ces encouragemens flateurs qui donnent feuls des aîles aux Artiftes.

C. Eisen del.
1775
N. De Launay sculp.

A

LA FONTAINE.

Belle Vénus, & vous, Nymphes de l'Hippocrène;

    Mais, toi plutôt, unique la Fontaine,

    Guide mes pas, fur-tout pardonne moi

        Si j'ofe donner après toi

        Le plus libre effor à ma veine;

    D'autres l'ont fait; mais ce n'eft pas raifon;

    Encore un coup, la Fontaine, pardon.

Amant de la Nature, ennemi de la gêne,

Tes vers qu'Amour dicta, tes vers coulent fans peine.

On trouve chez toi feul cette naïveté

    Qu'on nommera toujours fublimité :

    A chaque trait de tes divins ouvrages,

On voit la Grace éclore & fourire à l'Amour,

    Les Ris voltigent fur tes pages,

La tendre Volupté les careffe à fon tour.

Tout y vit, tout y plaît, coloris & fineffe,

    Style, portraits, délicateffe.

A 5

Qui peut atteindre aux vers qu'on nomme négligés !
Enfans de la douce molleſſe ,
Ils nous plaiſent bien plus que les mieux arrangés.
Et de ta part , c'eſt moins faute qu'adreſſe ;
Tout en peignant les Moines , les Nonains,
Sans paraître y penſer , tu ſemes quelques grains
Et de Morale & de Philoſophie.
On aime à voir leur tant joyeuſe vie :
Quel mal cela peut-il faire aux humains?

Du double Mont, toi qui fus la merveille
O toi qui n'eus que des Admirateurs !
Si je tirais deux fleurs de ta corbeille,
J'aurais du moins quelques Approbateurs.

CONTES

MIS EN VERS

PAR UN PETIT COUSIN DE RABELAIS.

CONTE PREMIER.

LA SERVANTE

QUI BOIT A LA CAVE.

Caves, greniers, granges, gazons, chaumières,
Des doux plaifirs par fois font le féjour.
Dans les Palais, l'Enfant qu'on nomme Amour
Ne trouve pas meilleures ouvrières.
C'eft ce que prouve un joyeux Chroniqueur,
Simple, naïf & partant bon Conteur.

A 3

Un homme avait Servante fort gentille :
Quant à sa femme, elle était d'une humeur
Acariâtre, & puis d'une laideur
Qui rebutait : mon Bourgeois sur la fille
Jetta les yeux, il s'en amouracha,
Et certain soir, son feu lui déclara.
Ma chère enfant, lui dit-il, ma Sufette,
Fais mon bonheur, je veux faire le tien :
Je te promets bonne part à mon bien.
Mais celle-ci, prenant mal la fleurette,
Avec trois mots refroidit l'entretien.
Je m'en plaindrai... C'est sans doute à Madame ;
Or, notre Epoux avait peur de sa femme :
Cela luï fit très-grande impreffion,
Et de fes fens calma l'émotion.

Je voudrais bien de notre Chambrière
Tracer l'efquiffe, avant d'aller plus loin.
Sufette avait tout ce qu'il faut pour plaire,

Sans que de l'Art elle eût aucun befoin.

Vingt ans au plus ; une bouche riante ,

Nez retrouffé , grands yeux, taille élégante ,

Un teint de rofe , un fein dont la blancheur,

Pour tenter mieux , égalait la rondeur ;

Main délicate & la jambe très-fine ,

Avec la peau douce comme une hermine ,

Un petit pied , c'eft un grand point, je crois ;

C'était , du moins , très-bon figne autrefois.

Notre Galante , à l'Amour tant rebelle ,

Aimait le vin , & c'était plus fort qu'elle.

Elle en pouvait boire à difcrétion ,

Tout fe faifait par elle à la maifon.

Par pur hazard , dans ce temps-là , fon Maître

Emplette fit d'excellent Bourguignon ,

Et dans fa cave , avec attention ,

Plaça fon muid, qu'il confervait peut-être

Pour s'enivrer en belle occafion.

A 4

NOTRE Servante ayant entendu dire
Que tout cédait à ce nectar nouveau,
Ne tarda pas, afin de s'en instruire,
Foret en main, à percer le tonneau.
En peu de temps, il fut à moitié vuide,
Tant la commère à boire était avide,
Et d'un fosset le trou bouché très-bien,
On ne pouvait s'appercevoir de rien.
Un mois durant, la petite Poulette
Mena ce train : à sa mine doucette,
La croirait-on hardie à ce point-là ?
Fiez-vous donc à fille après cela !
Oh ! la plus sotte encor vous trompera.

LE Maître, un jour, poussé par un caprice,
Prend sa chandelle & descend au caveau
Voir son cher muid. Suis-je fou du cerveau,
Se dit-il ? Ouais !... Démêlons l'artifice.
Il sonne creux... il fuit apparemment.

Non... point du tout... On n'a jusqu'au moment
De ce bon vin tiré la moindre goutte ,
Et ma futaille est à moitié pourtant.
Moi, je m'y perds... Le diable assurément
S'enivre ici... Le diable... Et oui sans doute.
Mais consultons ma femme sur ce cas ,
J'ai besoin d'aide en pareils altercas.

L'HOMME affligé , remonte tout en transe ;
Vite à Madame il va conter sa chance.
Eh ! jour de Dieu ! reprit-elle en grondant ,
Votre cervelle est si fort inquiete
Sur ce point-là. Pensez donc que Susette
Seule toujours à la cave descend.
Notre Epoux dit : je comprends à merveille ;
Pouponne, va, je guetterai l'instant ,
Avant dîner , qu'elle emplit la bouteille.
Temps n'était plus d'avoir l'œil pénétrant.
Le même jour , sa Servante il surprend

Deſſus le muid, la tête un peu baiſſée,

La jambe en l'air. La drôleſſe buvait.

En remuant, ſa jupe retrouſſée,

Friands appas à découvert montrait,

L'homme cria : peſte de la canaille !

(Il affectait d'être fâché vraiment,)

Tout à ſon aiſe à même la futaille,

Boit-elle donc aſſez effrontément !

Double coquine !... A ces mots ma Suſette

Reſte confuſe, & par crainte muette ;

D'aucun prétexte elle ne peut maſquer

Ce que deux yeux viennent de remarquer.

Quel parti prendre ! Elle a recours aux larmes :

De femme, on ſçait que ce ſont-là les armes.

Elle ſe jette aux genoux du Bourgeois,

Crie au pardon d'une mourante voix,

Et ſa douleur augmente encor ſes charmes.

Le Maître dit : modère tes allarmes,

Chère petite, il n'eſt qu'un ſeul moyen
De décider de ton ſort & du mien ;
C'eſt de répondre à ma brûlante flâme.
Si tu le fais, ma fille, de plein gré,
De rien, vois-tu, jamais ne parlerai :
Sinon, parbleu, je dis tout à ma femme :
Chacun ſon tour. La Mignonne craignait
Que ſa Maîtreſſe, en ſachant cette affaire,
Ne la traitât d'une rude maniere.
A ce grand cas tandis qu'elle penſait,
Par un baiſer le Bourgeois entre en danſe.
Elle ſeignit un peu de réſiſtance,
Puis lui laiſſa faire ce qu'il voulait.

    Qui donc là-bas ſi long-temps le retarde,
Se dit la femme, en peine du mari ?
Lors à la porte, elle cria : l'ami,
Dans notre cave es-tu donc endormi ?
Non pas, maman : a tout j'ai bien pris garde :

Réjouis-toi , j'ai trouvé d'aujourd'hui ,

Grace pourtant à quelque peu d'adreſſe ,

Le petit trou par où mon vin a fui.

Bouche-le bien , lui cria la Maîtreſſe.

L'Epoux répond : oh ! je le bouche auſſi.

CONTE II.

LA MÉPRISE PARDONNÉE.

Par méprise, on commet des délits importans,
Que l'homme dur punit, & que pardonne un sage.
Tous les Héros sont indulgens :
On voit marcher de front, la bonté, le courage.
Que deviendraient les bonnes gens,
Si la foudre était toujours prête
A tomber sur leur tête ?
L'humble Timidité, marchant à pas comptés,
Doit offrir le coupable aux regards de son Maître :
Mais un Prince, à son tour, ne peut jamais paraître
Sans avoir la Clémence à l'un de ses côtés.

Un jour d'Été, le grand Turenne,
Dans l'anti-chambre, en veste, & le petit bonnet,
A la fenêtre respirait ;
Car, du Lion l'ardente haleine

Telle posture permettait.

Qu'il était beau de voir cette tête immortelle

Qu'un Laurier toujours verd sans cesse couronnait ,

Sous le basin qui l'ombrageait ,

Et l'aîle du Zéphire agitant la dentelle !

Simplicité des premiers temps ,

Malgré nos petits Arrogans ,

Hélas ! vous serez toujours belle.

TANDIS que le Héros prenait l'air un moment,

Un de ses gens survient : telle métamorphose

Le trompe , on peut croire la chose.

Il prend son Maître bonnement

Pour l'un des Aides de Cuisine

Avec qui , sans façon, tous les jours il badine.

Tout doucement , tout doucement

Il s'en approche par derrière ,

Lève la veste , puis d'une main non légère ,

Applique un coup très-rudement :

Chacun fait niche à sa manière.

Le Général frappé, se retourne à l'instant,

La main où vous sçavez, & très-fort se frottant.

Lors, ce pauvre Valet envisageant son Maître,

A ce terrible aspect, à demi-mort peut-être,

  Tombe aux genoux du Héros,

  En bégayant quelques mots,

  (La peur le serrait à la gorge.)

Monseigneur, Monseigneur, j'ai cru que c'était George.

Eh quand c'eût été George, en aurais-tu moins tort ?

  Fallait-il donc frapper si fort ?

CONTE III.
LE LABOUREUR.

PRESQUE tout Païſan eſt malin par nature ;
Sans paraître y toucher , il fait égratignure.

Plus d'un , avec un gros bon ſens ,

A donné ſur les doigts à de mauvais Plaiſans.

U N riche Laboureur avait pour ſon partage

Deux grands & forts garçons ,

Mais plus bêtes que ſes dindons :

Cela le déſolait. Le Seigneur du Village

Lui dit un jour : Colas , parle donc , mon ami ,

Quand tu procréas cette engeance ,

Parbleu ! tu dormais à demi.

Que tes enfans ſont lourds ! j'y perdrais patience.

Voi les miens ! c'eſt un charme , ils pétillent d'eſprit.

Oui , Monſeigneur , ſans contredit ,

Répond le Villageois ; & la choſe eſt fort claire :

Mais vous êtes auſſi tant de monde à les faire !

CONTE

CONTE IV.

L'ÉCLIPSE.

Qu'un Petit-Maître est une sotte espèce !
Il va, revient, est là-haut, est là-bas,
Il parle, il chante, il bat des entrechats,
Siffle, ricanne, effleure la tendresse,
Tire un flacon, caresse son plumet,
Content de soi, dit des fadeurs aux Belles,
D'un pied léger fait trois pas de ballet,
Tourne la tête, arrange ses dentelles ;
A l'œil vulgaire il paraît un bijou :
Le Sage dit : O la bête ! O le fou !

Sur la Tour de l'Observatoire,
Des Astronomes très-savans,
Armés de tous leurs instrumens
Et portant en main leur grimoire,
Lorgnaient, l'un sur l'autre pressés,
De Phébus les traits éclipsés.

B

A fix chevaux, d'un train de tous les diables,
Arrive un jeune & beau Marquis
Avec des femmes adorables.
Tout était fait. Bon ! dit notre Adonis ,
N'importe , entrons toujours, Mefdames :
Eh bien ! quand tout ferait fini ,
Je connais beaucoup Caffini ,
C'eft mon intime , il eft complaifant pour les femmes;
Dépêchez-vous donc de paffer ,
Pour nous il va recommencer.

CONTE V.

L'ENFER DE MICHEL-ANGE.

JE le dis à qui veut l'entendre :

    Les Talens n'ont, pour se défendre,

    Que le temps, que l'occasion.

Sachez donc retenir vos plumes indiscrètes ;

    Et des Peintres & des Poëtes,

    Craignez l'imagination :

Un Artiste excellent, brûle d'impatience

    D'écraser ses persécuteurs,

    Et pour courir à la vengeance,

Néglige sa fortune & renonce aux faveurs.

    SUR la toile vivante, où l'Enfer en peinture,

Aux sens épouvantés inspirait la terreur,

    (Michel-Ange (*a*) en était Auteur,)

    L'Artiste mit à la torture

(*a*) Architecte, Peintre & Sculpteur. Il fut admirable dans ces trois genres.

Un Cardinal qu'il haïssait.

On voyait Monseigneur, au beau milieu des flâmes,

Faire des grimaces infâmes ;

Son Eminence rôtissait.

Léon Dix, (*a*) dont le goût, le faste & le génie,

Ont fixé les beaux Arts au sein de l'Italie,

Jettant un regard curieux

Sur le Tableau hardi de ce Peintre fameux,

Avise un Cardinal surnageant dans ce gouffre

Où petillait un feu de bitume & de soufre,

Le reconnaît : frappé d'un trait aussi nouveau,

Il engage le Peintre à l'ôter du Tableau :

Mais celui-ci dit au Pontife,

Le diable le tient sous sa griffe ;

Dans l'Enfer, chose sure, il n'est plus de pardon :

Saint-Père, il restera, daignez le trouver bon.

____

(*a*) De la Maison de Médicis, Pape rempli d'esprit,
Souverain Magnifique.

Le Cardinal, inſtruit de cet affront étrange,

Court au Pape, & ſe plaint du tour de Michel-Ange.

Adroitement s'en tira Léon Dix.

Hélas ! dit-il , encor s'il vous eût mis

Tout bonnement en Purgatoire,

Vous en ſortiriez à l'inſtant :

J'ai cette clef-là vraiment.

Mais ici c'eſt une autre hiſtoire ;

Car, entre nous, dans l'Enfer vous voilà,

Et mon pouvoir ne va pas juſques-là.

CONTE VI.

LE SINGE ET LA GUENON.

Petit badin, modere ta faillie;
Plus fort que toi, fouvent te mortifie.
Tel, eft tout fier d'avoir dit un bon mot,
Que la réponfe écrafe comme un fot.

Une Plaideufe, auffi vieille que laide,
Dans une affaire ayant grand befoin d'aide,
Importunait le Premier Préfident
Pour obtenir une prompte audience.
Toujours remife, elle perd patience.
Alors tout-bas jurant & marmottant,
La Dame dit, en faifant la grimace :
La pefte foit du Singe & de fa race !
Le Magiftrat n'entendit que trop bien :
C'était (a) Harlai, qui ne pardonnait rien.

____

(a) Homme dur & très-vif dans fes reparties.

Tous ſes cliens bien vite il expédie,

Vient à la Dame, & du ton le plus doux,

Et vous, Madame, allons, que voulez-vous?

Hélas! lui dit la vieille recrépie,

C'eſt un Procès qu'on doit bientôt juger.

Ah! Monſeigneur, daignez me protéger:

Mon droit eſt bon, ſur vous je me repoſe....

Je vous promets d'y faire de mon mieux,

Répond le Juge, en détournant les yeux.

Le lendemain, on appelle la cauſe:

La Vieille gagne & procès & dépens;

Puis elle accourt pour les remercimens;

Elle s'incline, & gravement prononce

Un compliment plus long qu'une Oraiſon.

Le Magiſtrat y fit cette réponſe:

Le Singe doit obliger la Guenon.

CONTE VII.

LES CHIENS PHILOSOPHES.

CERTAIN drôle de corps, Curé d'un gros Village,

Homme facétieux, bon ami, bon voifin,

Quatre Dogues avait dans fon petit ménage :

Jugez du carillon & de l'horrible train !

Du ruftique Pafteur, c'était la fantaifie.

Il chériffait fes Chiens à l'égal de fa vie,

Et plus, affurément, que fa nièce Alifon.

Nos Dogues lui devaient leur éducation,

Il les avait dreffés fans perdre patience.

Rien auffi n'approchait de leur obéiffance,

Et tout Frère convers, en fa foumiffion,

Pour fon Supérieur a moins de révérence,

QuecesChiensn'enmontraientpourMonfieurleCuré.

A notre gai Pafteur, certain jour il prit gré

De leur donner un nom de Philofophe :

(Un Dogue cependant n'eft taillé d'une étoffe

A faire un raisonneur ,) si bien qu'il appella ,

L'un Aristote, & puis Descartes celui-là ;

Le tout pour le plaisir de faire une apostrophe ;

Et même à chacun d'eux , un Disciple il donna.

Au monde, il est encor de plus grandes folies.

Ce n'est le tout : le bon-homme enchanté,

Fomentait entre les parties

La rage & les fureurs de l'animosité.

Descartes voyait-il son émule Aristote?

Aussi-tôt de gronder ; & sur la même note

Celui-ci d'aboyer, dès qu'il appercevait

Son Rival accourir. Quand le Curé voulait

S'amuser à son aise, alors il appellait

Descartes , Aristote ; & chacun de paraître ,

Et puis à droite, à gauche, en ordre on se rangeait :

Chaque Disciple étant à côté de son Maître.

Ensuite, d'un ton doux, le Pasteur invitait

Aristote à bien vivre avec son cher confrère.

Mais pour toute réponſe , Ariſtote aboyait.

Point d'accomodement. Le Curé ſe tournait

Vers Deſcartes , penſant mieux trouver ſon affaire.

Ah ! c'était pis encor ; le feu de la colère

    Étincelait dans ſes yeux flamboyans,

    Et de ſa queue il ſe battait les flancs.

Eſſayons cependant , leur diſait le bon Prêtre ,

Si du moins , vous faiſant enſemble entretenir,

Vos eſprits irrités pourront ſe réunir.

Champions d'avancer , & de ſe reconnaître.

Ils ſe parlaient d'abord, en aboyant tout-bas :

L'un , à l'autre , ſembloit réellement répondre :

Puis aboyant plus fort , reculant quatre pas,

Chacun, ſur l'ennemi ne demandait qu'à fondre.

Alors n'écoutant plus qu'un inſtinct belliqueux ,

Le combat commençait, toujours deux contre deux.

    L'INTREPIDE Ariſtote , élancé ſur Deſcartes,

Gueule ouverte, œil en feu , prompt à ſe ſignaler ,

Voulait , mais tout de bon , son confrère étrangler.

Cet Aristote était plus brave que les Parthes

Qui lançaient en fuyant leurs javelots affreux :

Descartes , non moins fort , & non moins furieux,

Montrait, en s'escrimant, une ardeur sans pareille :

Ses dents, de son Rival ensanglantaient l'oreille.

Les Disciples bientôt, hardis, impétueux,

Chacun de leur côté, faisaient aussi merveille.

C'était à qui mordrait le mieux.

Le Curé suspendait ce combat sanguinaire,

Et l'un & l'autre Chien quittait son Adverfaire.

D I S P U T E U R S arrogans , Sophistes pointilleux,

Reconnaissez dans cette image

Vos éternels discords, vos combats odieux.

La Nature est fermée à vos débiles yeux.

Loin , en l'interrogeant, de percer le nuage,

Vous nous rendez encor son sein plus ténébreux;

Et croyant pénétrer tous les secrets des Cieux,

Vous créez des erreurs qu'autorife l'ufage.

L'un contre l'autre , après, vous tournez votre rage.

Laiffez en paix le Ciel & la Terre & les Mers,

Tombez devant Newton, qui des Mondes divers

Calcula favamment & le cours & l'efpace :

Qui les fit , les connaît , l'Auteur feul les embraffe :

    Et le mortel trop curieux

    N'eft tout au plus qu'un Chien hargneux.

CONTE VIII.

LE PRINCE BIENFAISANT.

DU Ciel defcend la Bienfaifance,

C'eft la première des vertus.

Compagne de la Clémence,

Sa main venant chercher la timide indigence ;

Relève les mortels par le fort abattus.

Plus d'Envieux , plus d'Adverfaires ;

A fes yeux , les hommes font frères :

L'honnête-homme fur-tout , a part à fes tributs.

Elle embellit la fuprême puiffance ,

Et quelquefois marche avec l'Opulence ,

Témoins Marc-Aurele , Titus ,

Et l'immortel (a) Helvétius.

(a) On ne faurait trop louer le défintéreffement de cet homme admirable. Ses traits de bienfaifance font encore au-deffus de fes Ouvrages.

Un Roï qui n’eſt que Roi, fait gronder ſon tonnerre;
Mais un Roi bienfaiſant, eſt un Dieu ſur la terre.

LE jeune (*a*) Archi-Duc Ferdinand,
Prince aimable & compâtiſſant,
Regardait un projet de fêtes trop couteuſes,
Et le regardait en pleurant.
Quel cœur ! Quelles larmes heureuſes !
De ſon attendriſſement
L’Impératrice allarmée,
Sur ſon fils jette un regard careſſant,
Du ſujet de ſes pleurs prétend être informée.
Quoi ! répond l’Archiduc : quoi ! des fêtes encor !
Et tant d’infortunés manquent du néceſſaire !
Ah ! grand Dieu, que n’ai-je un tréſor,
Pour arracher le Peuple à la miſere ?
L’Auguſte Mèr, een ſoupirant,

____

(*a*) Frère de la Reine.

Embraſſe ſon fils tendrement,

Et veut que ſon épargne aux fêtes deſtinée,

Sur le champ lui ſoit donnée.

Le Prince, au comble de ſes vœux,

Répand l'or ſur les malheureux,

Donne une dot aux pauvres filles,

Soulage d'honnêtes familles.

Après un ſi glorieux trait,

Qui vaut bien mieux qu'une conquête,

Il aborde ſa mere, & d'un air ſatisfait

S'écrie : eh bien ! Madame ! ah ! la ſuperbe fête !

CONTE IX.
LA PORTE OUVERTE.

AH ! qui n'aimerait point le beau Ciel de Provence,

Pays où la Nature étalant ses appas ,

Sous les yeux satisfaits amène l'abondance !

Pays fameux par ses muscats ,

Par sa Fontaine de Vaucluse ,

Par Pétrarque sur-tout , dont l'élégante muse

Chanta la belle Laure & les tendres amours ,

Pays où l'on ne peut couler que d'heureux jours !

Vers ce Paradis de la France ,

On voyait s'élever, en face d'un jardin ,

Une Maison charmante, à deux pas du chemin.

L'homme qui l'habitait ne manquait pas d'aisance :

Il devait bien rendre grace au destin ,

Car il avait femme brune & fringante ,

Faite à ravir , encor jeune & piquante :

J'omets un point , un petit air mutin

La

La rendait plus intéreffante,
Cela réveille, & femelle lutin
Eft d'un grand prix, lorfqu'on a le goût fin.

QUANT à l'Epoux, fa grande fantaifie
C'était de parier pour un oui, pour un non ;
Il avait cette maladie :
Martyr de fon opinion,
Il eût vu brûler fa maifon
Plutôt que de céder ; chacun a fa manie.
Au refte, c'était bien le plus brave garçon,
Joyeux, libre d'ambition,
Il fe plaifait à la Campagne,
Et ne quittait jamais fon aimable compagne.

UN certain foir, leur petit fouper fait
Sous un berceau, tout près de leur demeure,
Le doux fommeil qui très-fort les preffait,
Les fit coucher bien long-temps avant l'heure,
Quelquefois on ne penfe à rien :

C

La porte de devant , tout net ils oublièrent;

 Pour la fermer , bientôt ils difputèrent.

  Le mari dit : ma femme ,eh-bien !

Tu n'as donc pas fermé la porte de la rue ?

C'eft à toi.——C'eft à vous : irai-je toute nue ?

  C'eft au dernier qui s'eft couché.

C'eft vous , Monfieur. Voilà l'Epoux fort empêché :

Il ne veut pas céder , (on cède d'ordinaire.)

  Mais lui , de fe mettre en colère.

 ——Encore un coup, veux-tu l'aller fermer ?

 ——Je ne veux point. La difpute fut vive.

 ——Vous voudriez me traiter en captive :

  Eft-ce donc-là votre façon d'aimer ?

 Ces mots d'aigreur, comme bien on le penfe ,

Jufques au vif piquèrent notre Epoux.

  ——Allons , Madame , taifez-vous ,

  Enfin je perdrais patience.

Celui des deux qui rompra le filence.

La fermera.—Je le veux. Après quoi
  Quelques momens on se tint coi.

La scène va changer : car sur ces entrefaites
  Passe un Officier de Dragons ,
Qui d'amour, à Paris , venait payer des dettes.
  Égaré dans ces environs ,
De cette porte ouverte , il profite sans doute,
  Pour aller demander sa route ;
  Mais ne trouvant personne en bas,
Il monte l'escalier & vient à petits pas
Dans la chambre à coucher où l'on ne dormait pas.
  N'ayez point peur , hélas! de grace ,
  Enseignez-moi , leur dit-il , mes amis,
  Le droit chemin qui conduit à Paris.
  Pas un seul mot. Il répète & s'en lasse ,
Puisqu'au lieu de répondre à tout ce qu'il leur dit ,
L'un & l'autre cachaient leur tête dans le lit.
L'Officier en courroux, & tempête & menace ,

Avance-t-il plus? non : ce cas fort l'embarrasse.

Voyons , dit-il , jusqu'à la fin

Ce que deviendra l'aventure.

Il risque tout alors , jette la couverture ,

Et voit, au petit jour , miracle de Nature ,

Une jeune Poulette à la peau de satin ,

Aux dents d'yvoire, à l'œil malin ,

Aussi blanche qu'un lys & ferme & potelée.

Dans l'instant la Dame rougit ;

Mais las ! ce qui beaucoup notre Officier surprit,

Servante à son secours ne fut point appellée ;

Car Madame craignait de perdre le pari.

Mieux le valait pourtant pour l'honneur du mari.

Condamne qui voudra le trop de hardiesse ;

Rien de plus beau que la sagesse !

Mais on avoûra cependant

Qu'à spectacle si ravissant ,

Par curiosité, peut-être par faiblesse ,

Tout le monde en eût fait autant.

Notre brave Dragon au doux combat s'apprête.

Il était beau, quoiqu'un peu basanné :

Avait l'œil vif, son air était honnête,

Point, par la Belle au juste examiné.

Son parti pris, il la caresse,

Et délicatement vous lui baise la main,

Les yeux, quels yeux ! & puis le sein.

L'Epoux voit tout cela, de parler ne se presse.

Mais il faut donc qu'ils soient muets,

Se disait l'Officier qu'étonnait tel silence.

Il se met sur le lit sans nulle résistance,

Et là, plus hardi que jamais,

Il ne laisse pas en souffrance

Affaire de cette importance.

Ses désirs satisfaits, de plus en plus surpris,

Il prend vîte le large, & gagne le Pays.

Sitôt qu'il fut parti.——Comment ! en ta présence

As-tu donc pû souffrir une telle insolence ?
Ah ! bon Dieu ! le cruel affront
Que vient là d'essuyer ton front !
L'Epoux en rit, le plaisir le transporte.
Par Dieu, s'écria-t-il, tu dis le premier mot.
Qui moi ! parler : je ne fus pas si sot.
Or, j'ai gagné, va-t-en fermer la porte.

CONTE X.
LE DOCTEUR.

Pour faire un grand Docteur, dans presque tout pays,

Il ne faut qu'un collier d'hermine :

Alors, de toute chose on connaît l'origine.

Un bout de chaperon, à Londres, à Paris,

Suffit pour inspirer : & voilà qu'on raisonne.

Demandez-le plutôt à Messieurs de Sorbonne.

Un homme qu'on comptait entre les plus Savans ,

(Il avait soutenu vingt assauts sur les bancs,)

A toute question répondait d'une aisance

Qui certes passait la croyance.

Il savait ce que c'est que matière & qu'esprit,

Sur-tout, comment on pense & comment on digère ,

Et comment tout végete & tout se reproduit :

A l'entendre, il avait la clef de tout mystère

Que Nature plaça dans la profonde nuit.

C 4

Las d'ouïr du Bavard l'éternelle légende,

Quelqu'un dit : ce Monſieur eſt un grand ignorant ;

Car il répond hardiment

A tout ce qu'on lui demande.

CONTE XI.
LA DAME
ET SA FEMME DE CHAMBRE.

Pour ramener à ſoi tout Epoux inconſtant,

Le bruit ne ſert à rien : un petit mot ſouvent

Touche bien mieux un cœur volage

Que les cris, que les pleurs, qu'un horrible tapage.

A ſon mari, fort tendrement

La Coquette rend tant pour tant :

L'Idiote gémit, la Méchante fait rage,

C'eſt l'éclat de la foudre en un grand jour d'orage :

Mais la femme d'efprit, au lieu de s'affliger,
   Vient toujours à bout d'arranger
   Les petits tracas du ménage.

   Dans l'intervalle du foupé,
Une femme charmante, & très-faite pour plaire,
Surprit fon cher Epoux avec fa Chambrière
   Sur un élégant canapé.
   Jugez un peu de l'épouvante
Lorfqu'en un cas pareil, Epoufe fe préfente !
   La Dame, d'un ton affez doux,
   (Elle dévorait fon courroux,)
Quittez, Mademoifelle : en confcience, j'aime,
   Oui, j'aime fort tout cela :
   Mais, ce que vous faites-là
   Je le ferai bien moi-même.

CONTE XII.
LE BOUFFON.

C'EST un mauvais métier que la Bouffonnerie ;
Mais pour le faire, il faut de la sagacité.
Un mot de trop, un fait mal présenté
Met au grand jour toute votre ânerie.

CERTAIN Bouffon, plat & fastidieux,
Chez des femmes d'esprit, sur un ton ennuyeux,
Parlait & reparlait de la Métempsicose :
Je vais, leur disait-il, vous débrouiller la chose :
Par exemple, tenez, je me souviens encor
D'avoir été le Veau d'or,
Mesdames, oui, Veau d'or, je vous le jure !
Ne pouvant supporter ces propos assommans,
Une d'elles reprit : ah ! depuis si long-temps
Vous n'en avez perdu, Monsieur, que la dorure.

CONTE XIII.

LE CAPUCIN.

EN dépit de l'opinion,

Les Capucins font gens fort eftimables ;

Ils vont pieds nuds, ne fentent pas trop bon,

Portent longue barbe au menton :

Cela les rend plus vénérables.

Qui fait les belles Miffions ?

Qui confeffe mieux les Larrons ?

Ils ont plus d'efprit qu'on ne penfe ;

On rit bien à leur Conférence.

UN jour d'Été, quand le Soleil couchant

Ne darde plus qu'un rayon languiffant,

Un Cardinal traîné dans un lefte Équipage,

Commodément faifait voyage :

Il vous rencontre un bon Religieux

Qui fous le froc portait face bénite,

Et picotait, pour arriver plus vîte,
 Sa Haridelle de son mieux.
 D'un air soumis, le Père avance ;
 Monseignéur fait des questions,
Et le Béat des salutations.

Où comptez-vous aller , lui dit son Eminence ?
Saint François à Cheval ! lui simple Fantassin !...
—Un Cheval , Monseigneur ! dites donc une Rosse...
—Mais depuis quand ? Depuis, répond le Capucin,
 Que Saint Pierre roule carrosse.

CONTE XIV.
LA DAME DE COUR.

LA Cour eſt un Pays où l'intrigue & la ruſe

    Embarraſſent toujours vos pas :

On cabale , on murmure, on médit , on s'amuſe.

      La vérité n'habite pas

      Cette Région étrangère ;

      L'un y périt , l'autre y proſpère ,

      On n'y voit que haut & que bas,

      Ce ſont perpétuels combats.

      Sur ſes bons amis , à toute heure ,

      On lance gaiment ſon venin ;

      Car l'eſprit y fait ſa demeure :

      Tout Courtiſan eſt né malin.

      UNE belle Ducheſſe , à la Cour fort connue ,

      Se plaignait, encor toute émue ,

D'un coup de langue affreux , contr'elle décoché.

      On l'accuſait d'avoir couché

Avec certain Homme d'Église,

Qui très-dévotement, à sa grande surprise,

Avait fait, en moins de six ans,

A Madame, sept, huit enfans.

Vous imaginez bien la peine

Que lui causait telle rumeur :

Elle en fit sa plainte à la Reine,

En présence d'un grand Seigneur.

Plus vîte que le trait qui vole,

L'homme de Cour lui coupant la parole,

Lui dit du ton de l'amitié :

Bon, bon, tranquillisez-vous l'ame ;

On dit tout à la Cour, Madame ;

Mais on n'en croit que la moitié.

CONTE XV.

LE BRAVE SOLDAT.

Fausse bravoure eſt un inſtinct brutal:

Celle-là vient de l'eſprit infernal.

L'autre eſt un feu qui ſoudain nous enflâme:

Fille du Ciel, elle excite un grand cœur

A repouſſer l'Ennemi deſtructeur,

Et n'a pouvoir que ſur une belle ame.

Un jour, (a) Vauban, ce favori de Mars,

Commande exprès un Soldat intrépide

Pour viſiter un Poſte & des Remparts.

Mon Grenadier y court d'un pas rapide,

Et mépriſant le feu des Ennemis,

S'arrête, obſerve : à l'inſtant une balle

Siffle & l'atteint! ô bleſſure fatale!

C'eſt du courage aſſez ſouvent le prix.

(a) Maréchal de France, le plus grand Ingénieur qu'il y ait jamais eu.

Le Grenadier, de retour à la Tente,
Au Général bravement se présente,
Rend compte exact, sans prendre garde au sang
Qui bouillonnait en sortant de son flanc.
Émerveillé de ce trait de vaillance :
Prends ces louis, Soldat, lui dit Vauban,
Tant de valeur mérite récompense.
L'autre répond : Moi, Monseigneur ! oh ! non :
Je ne veux pas gâter mon action.

CONTE

CONTE XVI.
LE TON FAMILIER.

PEUT-ÊTRE on me dira que j'en veux trop aux Moines.

Moi ! point du tout : j'honore & Curés & Chanoines.

Est-il donc défendu de jouer sur un mot ?

Qui le fait à raison, qui s'en fâche est un sot.

UN jour, dans un Cercle de femmes,

On débitait gentils rébus,

Le tout en l'honneur de ces Dames.

Contes facétieux, joyeuses Épigrammes,

Étaient toujours les bien venus,

C'était à qui rirait le plus.

Il se trouvait dans l'assemblée

Un Franciscain, beau Moine, aussi doux que courtois,

Et menant vie assez réglée,

En comparaison d'autrefois.

Son tour vint : il fallut faire une Historiette.

Lors une jeune Dame & jolie & folette,

Pour parler au Béat, quitta son Cavalier :

—Un Conte, Révérend ; entre nous, point de honte.

Le Pater profitant de ce ton familier,

Lui répondit : Madame, au lieu d'un petit conte,

Demandez-moi plutôt un petit Cordelier,

CONTE XVII.

LE GRENADIER NAÏF.

GUERRE cruelle ! ô rage abominable !
De maſſacrer, dure néceſſité !
L'homme, par toi, féroce, inexorable,
Reçoit la mort avec tranquillité,
Et de ſang froid égorge ſon ſemblable.

NON loin de Spire, après un long débat,
Les Français aux Germains livrerent le combat ;
Les deux Partis firent long-temps merveille,
L'un abattait un bras, l'autre une oreille,
Les gros canons ronflaient avec éclat,
Le ſabre allait, puis la mouſqueterie,
C'était enfin comme une boucherie.
Point de quartier, (quel mot !) point de quartier
D'un de nos Régimens était le cri de guerre.
Un des Soldats, trouve couché ſur terre,

Des Allemands certain brave Officier.

Quartier, s'écria-t-il ? Oh ! dit le Grenadier,

Vous obliger, Monsieur, est ma plus grande envie :

Soyez sûr de cela :

Demandez-moi tout ce qu'il vous plaira,

Parbleu, tout, excepté la vie.

CONTE XVIII.
LA PRÉSIDENTE
DE L'ELECTION.

Vanité, tu nous perds ! Le plus petit emploi
Fait dire à quelques fots : un homme tel que moi !
Un Diogène vient, apporte fa lanterne ;
On voit trop clair alors : on vous hue, on vous berne.
Ne cherchez donc jamais un dangereux éclat ,
Et ne le portez pas plus haut que votre état :
C'eft un très-bon avis qu'en paffant je vous donne,
Confervons notre rang , & ne trompons perfonne.

Dans un Cercle choifi, nommé Société ,
   On annonce une Préfidente
   Comme une Madame importante.
   Cette fublime dignité ,
   Pique la curiofité

D'un vieux & grave personnage,

Gentilhomme du voisinage.

Il demande le Tribunal

Où le mari préside : on s'écrie à la ronde,

Aux Élus. Ah ! dit-il, ah ! cela n'est pas mal !

Par ma foi, cette Charge est belle en l'autre Monde.

CONTE XIX.

L'ESPRIT DE CURIOSITÉ.

LA Curiosité, si naturelle à l'homme,

Le fait courir par-tout, lui fait perdre le somme.

La même chose arrive, au Singe, au petit Chien ;

Menez un petit Chien, en carrosse, en litière,

De voir ce qui se passe, il cherche le moyen,

Et ses pattes toujours passent à la portière.

Le Singe, c'est bien pis, il veut fouiller par-tout,

Il observe un objet de l'un à l'autre bout,

Ou, pour ne pas trop dire, il en a la manière.

Pour revenir à l'homme, on sçait comme il est fait,

Mouche qui vole, un rien, le rend tout stupéfait.

Rome, Londres, Paris, Amsterdam & Bruxelles

Passent le temps si cher à faire des nouvelles :

La moitié les reçoit avec avidité,

Et l'autre les réfute avec vivacité.

Quand les petits Marmots & les jeunes Pucelles

D 4

Déplument en riant leurs moineaux jufqu'aux aîles ,

Ne croyez pas au moins que ce foit cruauté ,

Ce n'eft que pur efprit de Curiofité.

Les fillettes ainfi , font fans ceffe occupées

A couper en morceaux les jupes des Poupées.

La Curiofité maitrife tous les fens ,

Et fur chacun de nous a des droits defpotiques :

Son bras impérieux entraîne force gens

  Aux Exécutions publiques :

Là , malgré le tumulte , & la foule & les cris ,

  Il eft des places à tout prix.

  Aller voir fouffrir fon femblable

Eft chofe bien étrange , & pourtant véritable.

S'il s'y trouve par fois un Savant courageux ,

Eft-ce méchanceté ? non , c'eft un curieux.

Hardi Contemplateur de l'humaine ftructure ,

  Il vient obferver la Nature

  Jufques dans ces momens affreux.

A P R È S une torture énorme,

J'entends la queſtion, mais queſtion en forme,

Le plus abominable entre les ſcélérats

Echappé pluſieurs fois des mains de la juſtice,

Venait pour expier, par le plus grand ſupplice,

Un crime, le premier de tous les attentats :

    Jamais vit-on de foule plus nombreuſe,

    Plus empreſſée & plus tumultueuſe ?

Chacun, & tous enſemble, avec avidité

Voulaient jetter les yeux ſur l'Auteur déteſté

D'un forfait inoui qui coûta tant de larmes.

Pour la première fois un ſupplice eut des charmes.

Les uns étaient grimpés au faîte des maiſons,

Et les autres meurtris & foulés dans la place,

Oeil fixe, tête haute & regardant en face,

Du bucher paraiſſaient demander les tiſons.

De femmes de tout rang, par gradins arrangées,

On voyait alentour les fenêtres chargées.

D *

Pourtant au sexe, un rien fait les plus grandes peurs...

    Un rien lui cause des alarmes....

Mais il est curieux, puis contre les vapeurs

N'a-t-on pas à la main son flacon d'eau des Carmes?

Certain observateur, qui venait tout exprès,

    Homme vigoureux & sans crainte,

Perce la foule & veut pénétrer dans l'enceinte

Afin d'examiner la chose de plus près.

Or les bouillans Archers, à coups de hallebarde,

    Le repoussent brutalement.

Ces gens-là sont bien loin de connaître un savant.

Alors un des Bourreaux, au secours accourant,

    Cessez vous, dit-il à la Garde;

    Ah ! doucement donc, doucement,

    Tout ceci, je crois nous regarde !

    Laissez vîte passer Monsieur,

    Sachez que c'est un Amateur.

CONTE XX.
LE LIBRAIRE
ET LE POLISSON.

A QUOI sert donc d'avertir la Nature
De repousser l'injure par l'injure ?
   N'agaçons jamais les enfans :
   Eh ! pourquoi les rendre méchans ?

   UN gros Libraire, & des plus à son aise,
Puisqu'il vendait fort cher l'esprit d'autrui,
Vous possédait valets, chevaux & chaise ,
Maison des champs, bois, prés, vignes aussi.
On vous menait un joli train chez lui.
Les grands Auteurs, nos Savans, nos Artistes,
   Et Messieurs les Périodistes
   Encore plus caressés qu'eux,
   Allaient souvent à sa campagne.
C'est-là qu'on respirait un air délicieux,

Grande chère , vin de Champagne ,

Fêtes de Bourgogne & d'Espagne ,

Liqueurs, rien n'y manquait : la Dame du logis ,

(Car le Bibliopole avait femme élégante ,

Spirituelle & complaisante ,)

Tenait jeu tous les soirs, avec un de ses fils.

Lors Monsieur son Époux quittant la compagnie ,

Sa béquille d'or à la main ,

Traversait vîte le jardin

Pour aller faire un tour jusques dans la prairie.

Un jour, à trente pas des murs de sa maison,

Il apperçoit un polisson ,

A l'œil vif, au maintien sans gêne ,

Qui de gros marrons d'inde , amassés avec peine ,

Remplissait un petit tonneau.

Monsieur en cet endroit s'arrête ,

S'amuse, observe , & puis il lui vient à la tête

De faire niche au Jouvenceau.

Il s'approche, & du pied, jette en bas la futaille.
L'enfant tout étourdi, fait un grand saut & piaille.

    CHEZ lui, l'homme étant de retour,
    Tout en soupant, raconte à table
Son aventure : on rit, on trouve que ce tour
Est très-bon, très-plaisant, singulier, remarquable ;
Que ce sera demain la nouvelle du jour.
Eh ! ne fallait-il pas que nos gens de génie
Payassent leur écot par quelque flatterie ?
    Mais la Maîtresse, en minaudant,
    Plaint de la façon la plus vive
Le jeune Villageois : autre scène ; un convive,
    Deux, trois & quatre, en font autant.
    Ne laissons pas-là notre enfant.
Son pere, gros Fermier, le coq de son Village,
    Avait amassé des écus.
Ce fils seul lui restait, sa femme n'était plus.
Sitôt l'hyver venu, sans tarder davantage,

Il met à Paris son Lubin ,

(C'est le nom du marmot ,) & le petit lutin

Surpasse en peu de temps les enfans de son âge.

     Un jour suit l'autre : il prend l'essor

     Il aura bientôt le courage

De se venger de l'homme à la béquille d'or.

L'Écolier n'avait pas oublié tel outrage.

L'instant arrive : un jour Lubin mis comme un Roi ,

(Il venait d'obtenir un excellent Emploi ,)

     Dans un moment de pétulance ,

S'en va chez le Libraire : il monte au Magasin.

Notre riche Marchand , en robe de satin ,

Rangeait quelques rayons : il salue , on s'avance.

—Que faut-il à Monsieur ? Les Feuilles, les Journaux,

     Des Romans, l'Histoire de France ?

Ah ! laissez-moi choisir dans ces Livres nouveaux ,

Lui dit Lubin, brûlant de venger son injure,

Et puis, vîte empilant brochure sur brochure ,

Plus promt qu'un trait qui vole, eh! qui peut s'en douter?

Il ouvre la fenêtre & se met à jetter

Dans une arrière-cour aussi sale qu'obscure,

Un monceau de papiers. On court pour l'arrêter:

Déja tout est à bas : le Libraire s'écrie ,

    Mais voyez donc quelle folie !

Le jeune homme aussitôt, sans se déconcerter ,

Vous souvient-il encor du tour d'espiéglerie

    Que me fit votre Seigneurie

    Lorsque j'étais petit garçon ?

    Je m'en venge, c'est bien raison ,

Et vous rends aujourd'hui malice pour malice.

    D'un tas de compilations

    Je viens de purger vos rayons ;

Tous ces Livres , mon cher, rendez-leur bien justice ,

    Valent-ils mieux que mes marrons ?

CONTE XXI.

LA PRÉCAUTION INUTILE.

LE trop de précaution
Eſt ſouvent hors de ſaiſon.

UN mari, prêt à rendre l'ame,
Recommandait à ſa femme,
De ne point ſe marier
À certain petit Officier,
Qui pendant le cours de ſa vie
Lui donnait de la jalouſie,
Allons, mignone, allons, jurez femme d'honneur,
Je vous croirai comme au Symbole.
Mon cher mari n'ayez pas peur,
Mourez en paix, dit-elle, un autre a ma parole.

CONTE

CONTE XXII.

LA FATUITÉ PUNIE.

J'AIME beaucoup à voir punir un Fat.
Qu'est-ce qu'un Fat ? Est-ce un Être qui pense ?
Oh ! non. C'est un colifichet d'éclat,
Bouffi d'orgueil, qu'un petit vent abat,
Qui rit, persiffle, & qui n'a d'existence
Que par ses airs & par son impudence.

UN gros Évêque (il était Duc & Pair,
Dur, glorieux, d'ailleurs portant grand air,)
Pompeusement célébrait les Mystères :
On juge bien, qu'il faut plus de façon
A Nosseigneurs, qu'aux Prêtres ordinaires.
Des Elégans, pour affecter un ton,
Se gardaient bien de se joindre aux prières,
Tenaient entr'eux la conversation,
Lorgnaient sans voir, ricannaient sans raison ;

Le fier Prélat, que leur impolitesse
Jusques au vif & scandalise & blesse,
A *l'Orate fratres* dit d'un ton circonspect :
Messieurs, quand un Laquais chanterait cette Messe,
Vous ne pourriez avoir moins de respect.

CONTE XXIII.
VOUS NE M'AIMEZ PLUS.

BELLES, dans les yeux d'un Amant
Vous ne savez que trop bien lire ;
De celui même qui soupire
Le plus tendrement,
Vous devinez le moindre changement.

LA FARE (*a*), dont Phébus inspira la vieillesse,
Qui de la volupté se fit toujours un Dieu,
Facile dans ses vers, fameux par sa paresse,

_____

(*a*) Le Marquis de la Fare fit à soixante ans ses premiers vers.

Ce charmant Compagnon du délicat Chaulieu,
Aux jours de son printems, aimait la Sablière,
Femme délicieuse, & dont l'esprit brillant
Lançait à tout propos des rayons de lumière.

La Fare, un jour lui dit en l'approchant :
Qu'avez-vous dans l'œil, Madame ?
Ah ! reprit-elle, ah ! vous me percez l'ame !
Oui ; la Fare, oui,
C'est caprice, ou perfidie ;
Mais vous ne m'aimez plus. Vous voyez aujourd'hui
Ce petit défaut-là, que j'eus toute ma vie.

CONTE XXIV.

LE GARÇON APOTHICAIRE.

Un jeune & frais Garçon, portant sur son visage
Les roses du bel âge,
Tel qu'un autre Adonis, par les Dames fêté,
Ne chôme jamais de conquête,
Et, pour dire la vérité,
A des femmes de qualité
Fait quelquefois tourner la tête.

Une Comtesse, un peu sur le retour,
Mais qui, grace à sa parure,
A son élégante coëffure,
A sa taille, faite autour,
Méritait bien encore un regard de l'Amour,
Voyait de son balcon un jeune Apothicaire,
D'un bras nerveux & blanc,
Piler & repiler chaque drogue à son rang.
Qu'il mettait de grace à le faire !

Oui, tout le monde eût aimé son air franc :
Puis il avait séduisante figure :
    Dents d'yvoire & forte encolure ;
On eût cru voir l'Amour en tablier.
Voilà, dit la Comtesse, un charmant ouvrier !
    Que son attitude est heureuse !
    Madame en devient amoureuse.
    L'instant d'après elle en rougit,
L'instant d'après elle s'en applaudit.
    Toute réflexion faite,
    Elle tire sa sonnette :
Son Laquais vient : Picard, j'ai des vapeurs ;
    Mais ce qui bien plus m'inquiete,
    Je sens les plus grandes douleurs.
Si je n'ai du secours, il faudra que je meure.
Courez chez le voisin, & que dans le moment
Son grand Garçon m'apporte un lavement.
    Picard, d'obéir sur l'heure :

Et le remède apprêté promptement. ,

Le beau Pharmacopole arrive :

Lors au verroux fermant

L'appartement,

Vous voilà donc, lui dit la Comtesse attentive

En le dévorant des yeux ;

La colique me fait souffrir des maux affreux ,

Allons, allons, abrégeons le colloque,

Guérissez-moi. Puis sur un canapé

Elle se met en posture équivoque.

Notre gentil Garçon, d'étonnement frappé,

D'amour n'en sent pas moins plaisante égratignure ,

Jette Canon, Seringue & n'est plus occupé

Qu'à profiter de la posture.

Ce n'était pas agir en sot.

—Suis-je bien?—A merveille.—Ah! donnez au plutôt,

Soulagez vîte la Nature ;

Ainsi finit l'aventure.

La Dame après, lui dit, vous les donnez fort bien :

Combien les vendez-vous? Ou trois livres, ou rien,

Répond le bon Apôtre.

—Tenez, voilà six francs, donnez-m'en vite un autre,

C O N T E X X V.

LES VACHES ET LES MAINS.

Piron, (*a*) dont la Métromanie

Immortalise le génie,

Fit visite au fameux (*b*) Languet

Qui jour & nuit ne songeait

Qu'à terminer le superbe Edifice

Du bon Patron Saint Sulpice.

Bon jour, cent fois bon jour, Monsieur,

Dit au Curé le gai Rimeur

(*a*) Homme de génie, le plus gai & le plus malin des Poëtes.
(*b*) Curé célébre dont on se souviendra long-temps.

E 4

Je viens apporter mon offrande,

Un Poëme (*a*) en votre honneur.

Il est fort bien reçu par le malin Pasteur,

Et puis demande sur demande.

— Monsieur, êtes-vous de Paris ?

Venez-vous à confesse ? A ce, Piron surpris ;

Ne sait trop que répondre.— Il faut laver ses taches.

Vous vous nommez ? — Piron.— Je puis

A peine, en vérité, connaître mes brebis.

Vous connaissez bien mieux vos vaches,

Repartit vivement le Poëte au Curé.

L'autre, d'un ton plus modéré :

Que faisait Monsieur votre Père ?

— Mort, &, de son vivant, honnête Apothicaire

A Dijon.— A Dijon ! Eh ! bon Dieu, m'y voilà !..

Il avait de longs bras, mais longs comme cela.

______

(*a*) Le Temple de Saint Sulpice.

Beaux bras, dit le Rimeur ! tous nos biens font en friche.

Ah ! Monfieur le Curé , pour me laiffer plus riche,

  (Et ce point là fait tout,)

 Que n'avait-il vos mains au bout ?

CONTE XXVI.

LA CONFESSION RÉVÉLÉE.

Il faut, ce femble, filer doux,
 Lorfque l'on a prife fur nous.

Une femme galante & dévote peut-être,
 Eut difpute avec fon Curé :

Pourquoi ? Mais pour un rien qui n'était pas au gré
 De notre vénérable Prêtre.

La fcène fe paffa devant un monde entier,
 Dans la grande falle d'Affemblée.

Perfonne, par refpect , n'entra dans la mêlée.

Madame , taifez-vous : rougiffez du métier

Que tous les jours vous ofez faire,

Lui dit le Pafteur en colère....

Me contredire... Encor... Vous tairez-vous enfin?

Allez, vous êtes une catin,

Qui méritez ici chatiment exemplaire.

D'un auffi vilain compliment

La Dame fut toute étourdie:

Meffieurs, dit-elle en fe tournant

Vers la nombreufe compagnie,

Je vous prends à témoins, il y va de fa vie:

Monfieur le Curé, fans façon,

Révèle ma confeffion.

CONTE XXVII.

LE SINGE EMBRASSÉ.

LE Villageois, fous fa naïveté,
Cache fouvent de la méchanceté.

Un Manant de Baffe-Bretagne,
Venant pour affaire à Paris,
Vit un Singe à la Foire, & parut tout furpris.
Un rien femble étonner les gens de la campagne.
Au nez des Spectateurs le lourdaud ricannant,
Bientôt fe jette au col de la bête, en difant :
Ah ! je le reconnais à fon tour de vifage,
C'eft le Seigneur de mon Village.

CONTE XXVIII.

L'AVOCAT ET LE MÉDECIN.

C'EST mon état qui prime. Oh! non pas, c'est le nôtre.
Nul mortel, ici-bas, ne veut céder à l'autre.

Un Suivant d'Esculape, un Singe de Cujas,
    Disputaient sur la préséance.
Le Docteur, de son Art détaillait l'excellence ;
Mais toujours l'Avocat lui disputait le pas.
Vous avez du babil, moi j'ai de l'éloquence,
Criait Maître Perrin, je dois passer avant ;
    Le fait est clair. Clair ! il ne l'est pas tant,
Disait Diafoirus : guérir est bien science,
    Plaider n'est rien : au reste, il est constant
Qu'il faut pour nous juger un grave Personnage.
    Ce qui fut dit, fut fait : arrive un Sage,
On lui conte l'affaire en cent mots superflus,

Tous deux parlaient enfemble, on ne s'entendait plus.
Le Philofophe dit : ah ! bon Dieu, quel tapage !
Je fuis fourd : puis ainfi mit fin au différend :

Ne foyez plus, Meffieurs, fur le qui-vive,
S'il faut que le Larron paffe toujours devant,
L'ufage veut auffi que le Bourreau le fuive.

CONTE XXIX.

LES TROIS SŒURS.

AU beau Pays d'Anjou vivait un Gentilhomme,
Qui, pour le dire en somme,
Était de son canton le plus grand libertin :
Il n'aimait que le jeu, les femmes & le vin ;
Bon diable au revenant, riche, grace au destin,
Il s'inquiétait peu de Genève & de Rome,
Et laissait au Curé marmotter son latin.
Mais ils sablaient ensemble & Beaune & Chambertin.
Monsieur depuis trois ans avait perdu sa femme.
Mais pour le salut de son ame,
Trois filles lui restaient, bonnes à marier,
Et dont les yeux malins, tout pétillans de flâme,
Savaient bien le signifier.

Le Pere avait toujours nombreuse compagnie.
Les jeunes Seigneurs du canton

Ne fortaient pas de fa maifon ,

On fe divertiffait , on faifait chère lie ,

Et l'on danfait toute la nuit.

Chaque jour amenait fa nouvelle folie.

Le Patron en riait , il aimait le grand bruit :

Ces foupers délicats , ces bals , apprivoisèrent

Les jeunes Damoifeaux : trois qui fe déclarèrent

Furent les bien venus ; ils vantaient les attraits

De ces gentes Demoifelles ,

Étaient de beaux garçons, c'eft le tout : pouvaient-elles

Aux plus tendres propos être toujours rebelles ?

N'eft-ce pas pour aimer que tous les cœurs font faits ?

Et puis lorfque l'on eft fans mère ,

On gagne bien plutôt le chemin de Cythère ,

D'où , fans quelqu'accident , on ne revient jamais.

Après un doux prélude , après des fi , des mais ,

Au charmant jeu d'amour toutes trois fe livrerent ,

Sans que de quelques mois on s'apperçût de rien ;

Mais nos blonds Adonis tellement opérèrent,
Qu'on allait à la fin ne le voir que trop bien.

    L u c i n d e (c'eſt ainſi qu'était nommée
La grande Sœur) ſentit le triſte état
Où l'avait miſe un ſi plaiſant combat.
Elle craignait mauvaiſe renommée :
La peur lui prit : le cas eſt délicat ;
Argus, ſur ce, n'a pas plus d'yeux qu'un Père.
Que devenir? hélas! & comment faire ?
Une maman, après avoir bien tempété,
Chez des amis au loin, aurait placé ſa fille,
    Sous un prétexte de ſanté :
Aucun de la maiſon ne s'en ſerait douté :
Cela ſe fait ainſi dans plus d'une famille.

    N e pouvant ſe cacher à l'œil de ſon papa,
Lucinde s'enhardit & tout lui déclara.
Il fit de prime-abord un bruit épouvantable,
    Donna cent fois ſa fille au diable,

Puis

Puis il se dit, (au fond il était bon,)
C'est à tout empirer que sert le carillon.
   — Mademoiselle, allez chez votre Tante,
      Avec ce billet de ma part :
Mais, jour de Dieu ! tenez-vous à l'écart.
      Que ma Lucinde fut contente !
Le Père ajoute : On dira par ici,
   Qu'il fallait bien, pour te sauver la vie,
Que tu changeasses d'air après ta maladie ;
Ton Médecin, sur-tout, l'ayant prescrit ainsi.
      Lors la belle Lucinde embrasse
      Son très-cher Père tendrement,
      Vole à sa chambre promptement,
      Fait son paquet, quitte la place,
Monte en voiture & part. Sa jeune Sœur pleurait,
      Et la Cadette souriait.

   TRÈS-peu de temps après, la Sœur seconde,
Qui se divertissait sans penser au retour,

Vit bien clairement à son tour,
Qu'elle n'était pas moins féconde.

Le bon Papa le sut bientôt aussi.
Eh ! mais, quel train donc que ceci ?
Bref, il agit de la même manière :
Et la seconde Sœur fut trouver la première.
Dieu soit loué, disait le Père en paix ;
C'est bien ainsi que nous fûmes tous faits !
Point de chagrin : parlons à ma dernière.
Quoi ! serait-elle aussi prompte ouvrière ?
Il se trompait : la jeune avait eu le bonheur,
Sans faire grace un jour à sa brûlante ardeur,
D'échapper pourtant à Lucine,
Et sa taille toujours restait toute aussi fine.

Lise, ma Fille, tu n'es pas....
Tu m'entends bien, lui dit le Père....
Allons, confesse-moi le cas....

Mais rien ne marque...Ah ! prends garde, ma chere,

D'augmenter notre embarras.

Du moins, fi tu n'es pas pucelle,

Tu fus beaucoup mieux que tes sœurs,

D'amour favourer les douceurs :

Tu n'as cueilli que les fleurs,

Et Lucinde & Sophie ont l'épine cruelle.

A de pareils difcours la petite rougit,

Hommage à la pudeur rendu par la nature.

Lors le Gentilhomme reprit :

Que Dieu nous garde tous de plus trifte aventure !

Il defcend au jardin, fans trop d'émotion,

Et prend la réfolution,

Pour mettre fin à toutes ces vétilles,

De pourvoir auffitôt fes filles :

Je tiens qu'il eut raifon.

Qui les époufera ? Voilà le cas terrible :

Les donner aux voiſins, eſt-ce choſe poſſible ?

Pas trop abſolument.

Il reſtait pour expédient,

D'aller, dans une autre Province,

Trois beaux Gendres chercher, ne ſe doutant de rien.

Le tour était exquis. L'homme avait le moyen

De vous faire là-bas un vacarme de Prince ;

Avec ſon or & de la belle humeur,

Il en viendra peut-être à ſon honneur.

Le voilà donc parti pour la Bretagne ,

Sous le prétexte heureux d'une affaire en campagne.

On y connaiſſait l'Angevin,

L'Intendant était ſon couſin :

Et puis il poſſédait tout à côté de Nantes

Des Terres & de bonnes rentes.

Il arrive, on le fête , & lui ne tarde pas

A propoſer en mariage

Ses trois Filles, diſant que rien n'était plus ſage ;

Que, sans parler de leurs appas ,

Elles avaient , sur-tout , assez bon appanage.

Trois Fils de belle taille , & de l'âge qu'il faut,

Issus d'ailleurs d'une maison honnête ,

En poste , pour l'Anjou , partirent aussi-tôt.

Assurément , pour moi , j'ai pitié de leur tête.

Arrêtons un instant : & mon Lecteur saura

Que nos deux grandes Sœurs, pendant tout ce tems-là,

Ayant achevé leur ouvrage ,

Etaient chez elles de retour ,

Plus charmantes encor : c'est souvent l'avantage

Que produisent les jeux de ce fripon d'Amour.

Mais n'abandonnons point notre cher Gentilhomme.

Ses trois Gendres & lui paraissent au pays.

Or vous pouvez préjuger comme

Et Père , & Jouvenceaux , sur-tout , sont accueillis.

Des attraits des trois Sœurs ils furent éblouis.

On lance vingt coups d'œil. On soupe, on rit, on danse:

Ces Messieurs les Bretons, aussi vifs qu'élégans,

Egayaient leurs propos des traits les plus galans,

Et faisaient bonne contenance.

De sa Belle chacun fit choix :

Chacune, d'un air prude & touchant à la fois,

En petite Matoise écoutait les fleurettes.

Sexe adorable, ah ! que malin vous êtes !

Pour abréger les discours superflus,

Mariages furent conclus

Dans la plus grande diligence.

Le Père, à pleines mains, prodiguant sa finance,

A Monseigneur l'Evêque acheta tous les bans :

Sage précaution pour dérouter les gens.

La veille de la noce il agit de prudence,

Et dans son cabinet appella ses enfans.

Vous connaissez, mes Filles, votre faute :

Vous voyez, leur dit-il, par cet hymen très-prompt,

De quel embarras je vous ôte !

Allons, n'en parlons plus ; j'ai réparé l'affront.

    Or sus , bientôt vous entrez en ménage :

    A vos maris montrez-moi du courage.

      D'U N air soumis, respectueux,

      Et presque les larmes aux yeux ,

      Les Demoiselles protestèrent

      Qu'elles se comporteraient bien ,

      Et toutes trois vous l'embrafsèrent.

      Le Patron reprit l'entretien :

      Pour vous donner meilleur courage,

Oui , celle, leur dit-il, je vous parle ici net,

Qui la première nuit, dans le fort de l'ouvrage,

A son époux dira le meilleur quolibet,

Aura vingt mille écus de plus en mariage.

Allez songer au cas, Dieu vous garde , bon soir.

Après ce beau Sermon , on gagna le dortoir.

      LE lendemain, elles délibérerent

    D'attendre en paix le moment de l'assaut.

Notre bon Ange, de là-haut,

Nous inspirera le bon mot,

Dit Lucinde. A midi, Messieurs les épousèrent :

Puis on ne fit qu'un saut de l'Eglise au Festin.

Le Pere & le Curé burent jusqu'au matin.

On dansa passe-pieds, contre-danses nouvelles ;

Enfin on fit les lits pour coucher nos pucelles :

Et les jeunes Maris, plus que fournaise ardens,

Vîte dèshabillés, furent bientôt dedans.

Mais celui de l'Aînée, en festoyant Madame,

   S'apperçut...—Oui...Comment donc,ma chère ame,

Vous me la baillez belle ! Eh ! mais dans tout ceci,

J'éprouve grande aisance, & j'en ai du souci :

M'est avis que je n'ai trouvé trop bonne chance :

   Les oiseaux s'en sont envolés,

Tenez-vous bien au nid, répond, avec constance,

Lucinde à son époux : tout ira bien, allez.

Tel fut le quolibet de Madame première.

C'eſt s'en tirer, je crois, de la belle manière.

L'autre Breton, qui la ſeconde avait,

Et qui tout à tâtons ſans ceſſe tâtonnait,

Obſerva que le ventre étoit trop rondelet.

Bon Dieu ! s'écria-t-il, je crois la grange pleine ;

Et vraiment, j'en ſuis fort en peine.

Battez à la porte, dit-on ,

Rien ne doit au combat faire diverſion.

Eh-bien ! pouvait-on mieux répondre que Sophie ?

Liſe nous reſte encor. Son Mari tout en feu ,

Après avoir joué le jeu ,

Diſait entre ſes dents : Mais , vertu de ma vie ,

Avant que d'arriver, ma foi, j'étois cocu.

Je ſuis bien pris pour ſot , le chemin eſt battu.

Liſe riait beaucoup de la plaiſanterie.

— Que marmottez-vous là ? Tant-mieux , moins

d'embarras.

Vous ne vous égarerez pas.

Cette dispute à part, très-bien la nuit se passe,
Et chacune des Sœurs ne paroissait point lasse.

Vîte, c'est à qui contera

Son quolibet au cher Papa :

Et les Epoux Bretons d'en faire un badinage.
C'était le prendre bien : je crois qu'un pucelage
Ne deviendra jamais un meuble de ménage.

MAIS voyons à présent qui gagnera le prix.
Il faut s'en rapporter, je pense, à nos Maris.
Pour le meilleur propos les Dames contestèrent.
Le Père demandait : A qui vingt mille écus ?

Messieurs ses Gendres décidèrent,

Qu'à toutes les trois Sœurs ils n'étaient que trop dûs.

CONTE XXX.

LA FEMME FAUSSE.

FEINDRE, tromper, est une étude,
Et cela passe en habitude.

ETENDU dans son lit, un homme agonisait :

Sa femme était inconsolable ;

Tout aliment s'interdisait ,

Remplissait la maison de sa voix lamentable ;

Ne dormait que d'un œil, s'arrachait les cheveux,

Et ne quittait le lit du pauvre souffreteux.

Ses Commères voulaient, voyant sa triste mine,

La faire au moins passer dans la chambre voisine.

Je n'irai pas, dit-elle, en jettant un grand cri :

Ainsi parler à Thérèse !

(C'était son nom.) Laissez : on est toujours bien-aise

De voir mourir un mari.

CONTE XXXI.

MOLIERE ET LE PAUVRE,

Aux indigens, lorſque nous le pouvons,
Il faut toujours ſe montrer ſecourable :
Plus d'une fois , on vit ſous des haillons
Un perſonnage vénérable.

Moliere aviſe un pauvre aux environs d'Auteuil,
De ſa voiture il abaiſſe la glace ,
Fait arrêter & ſort à moitié de ſa place :
Il l'appelle , il lui donne , il lui fait bon accueil.
Ce Monſieur-là n'a pas un cœur de roche,
Dit à part ſoi le Mendiant ;
Puis à deux pas, la main ouvrant,
Ceci , dit-il , n'eſt pas fait pour ma poche :
Il court, il court, puis du caroſſe approche ;
Mon bon Seigneur , tenez , c'eſt une pièce d'or ,

Et cette fomme eft par trop forte :
Vous vous êtes trompé. Prenez ces deux encor,
Dit Molière étonné, que ce beau trait tranfporte.
Enfuite il s'écria : Qu'il vient de me toucher ! ...
Mais où donc la vertu va-t-elle fe nicher ?

CONTE XXXII.

LA MERE.

LE cœur d'une Mère eft, dit-on,
Le chef-d'œuvre de la Nature :
Mot excellent, c'eft chofe fûre :
Je le répete, & j'ai raifon.

UNE Noble Vénitienne
Venait de perdre un fils aimable & vertueux :
Ces premiers momens font affreux,
On fe lamente, on pleure, il n'eft rien qui retienne.

La Dame avait les fens flétris ,
Invoquait la mort à grands cris,
Et voulait terminer fa peine.
Dans fon Palais l'ufage amène
Un brave & faint Religieux
Qui vous la prêche de fon mieux.
Ce bon Moine , fans artifice ,
Difait , par forme d'entretien ,
Madame , fouvenez-vous bien
D'Abraham , de fon Sacrifice ;
Dieu parle , il obéit foudain ,
Et fur fon fils lève la main.
Que dites-vous ? Allez , mon Père ,
Répondit-elle vivement :
Dieu , pour pareil commandement,
N'aurait pas fait choix d'une Mère.

CONTE XXXIII.

L'INVENTAIRE.

UN Curieux fut dupé de tout temps
Par des Fripons ou par des Charlatans :
Tout lui convient, Tableaux, Têtes antiques,
Et Médaillons, & Manuscrits gothiques.
Un rien le fait courir je ne sais où :
Un Embryon, un Vase, une Momie,
Voilà pour lui de quoi devenir fou.
Ce n'est le tout : d'autres ont la manie
De ne vouloir que du grand, que du beau,
Et d'acquérir les choses les plus rares.
Puis admirez leur excellent cerveau,
Ils cachent tout ainsi que les Avares.

UN Maréchal de France avait pareil travers :
D'Estrée était son nom. Lui, pour se satisfaire,

Aurait, ma foi, couru plus loin que le grand Caire :

De tous les Magasins à sa folie ouverts,

A force de doubles piftoles,

Il tirait les plus beaux Bijoux,

Et puis les renfermait ainfi que des cailloux

Qui ne valent pas deux oboles.

Les armoires chez lui pleines du haut en bas,

Il achetait encore, & ne s'en laffait pas.

De toute paffion c'eft le train ordinaire.

Sa femme, un jour, lui dit ce mot original :

Vous ferez bien fâché, Monfieur le Maréchal,

De ne pas voir votre Inventaire.

CONTE

CONTE XXXIV.

LA FONTAINE MALADE.

LE zèle est beau, mais n'outrons jamais rien;
Car on fait mal, voulant faire trop bien.

Au lit de mort, l'unique la Fontaine,
Fut visité par un sien Confesseur,
Qui de Quesnel étoit grand Sectateur.
Le Père en Dieu menait à perdre haleine
Cet homme simple ; & maudissant sa veine,
Vous le traitait d'affreux empoisonneur.
Déja du doigt l'austère Directeur
Lui présentait le ténébreux Abîme,
L'Enfer enfin, ce gouffre de douleur,
Où Belsébuth grillera sa victime,
S'il ne répare & n'efface son crime.
Or le bon Jean, quoiqu'excellent Conteur,
Ne disait mot, & se mourait de peur.

G

Sa Garde écoute : elle était brave femme.

Tant de menace attendriſſait ſon ame.

Hélas ! pourquoi le tourmentez-vous tant,

Dit-elle au Père ? En bonne conſcience,

Eſt-il beſoin qu'il faſſe pénitence ?

Il eſt, ma foi, plus bête que méchant ;

Et Dieu, malgré tout votre verbiage,

De le damner n'aura pas le courage.

CONTE XXXV.

LA THÈSE.

ON chérit le Moraliste

Qui se rend maître du cœur,

Qui, sans vouloir qu'on soit triste,

Force à devenir meilleur,

Et nous conduit, à la piste,

Dans la route du bonheur.

Mais, sans être Schifmatiques,

On fait assez peu de cas

De ces petits Scholastiques,

Qui sans cesse ont sous le bras

La Somme de Saint-Thomas;

Tous ces cerveaux fantastiques

Enfantent longs argumens,

Pour épouvanter les gens.

On soutenait, un jour, grande Thèse en Sorbonne:

Le docte Casaubon, par hasard, s'y trouva.

Fort & ferme on disputa :

Monsieur le Président paya de sa personne.

Mais le langage des Bancs

Etait alors si barbare,

Que l'oreille des Assistans

Maudissait de ces mots l'assemblage bisarre.

Alors (*a*) Casaubon, de l'ennui

Ne pouvant plus se défendre,

S'écria tout étourdi :

Ah ! je n'ai jamais oüi

Tant de Latin sans l'entendre.

(*a*) Homme de la plus grande érudition, mort dans le dernier siècle.

CONTE XXXVI.

LE SERMENT DE CICÉRON.

ON oſa reprocher au divin Cicéron

D'avoir trop bien ſervi ſes Citoyens & Rome.

L'audace ſut flétrir ſes lauriers & ſon nom.

On abuſa des Loix ; on vit la faction,

A l'exil, de ſang-froid, condamner ce grand-Homme,

Saccager tous ſes biens, détruire ſa maiſon.

Ce fut lui qui, pourtant, arrêta la furie

De ce monſtre inhumain, du fier Catilina ;

Par ſon activité, ce fut lui qui ſauva,

  Des ravages de l'incendie,

   Sa trop ingrate Patrie.

Il pouvait ſe vanter des ſervices rendus

A des Concitoyens dont il fut la victime.

  Hélas ! faut-il que les vertus

  Subiſſent le deſtin du crime ?

G 3

INGRATS Contemporains, vous oubliez toujours

Les belles actions & les plus grands services.

Les Sages d'un Pays, leurs sublimes discours,

Et les Héros fameux qui défendent vos jours,

Ne cessent d'être en proie à vos fougueux caprices:

Ils dévorent en paix toutes vos injustices.

Qui jamais peut parer vos traits empoisonnés?

Vous reprochez à l'un son amour pour la gloire,

Vous persécutez l'autre au sein de la victoire:

Vous vous plaisez toujours à rendre infortunés

Ces illustres Mortels, de tout tems destinés

A voler au sommet du Temple de Mémoire.

Cicéron, plus qu'un autre, en butte à tous vos traits,

Est de vos lâchetés un mémorable exemple.

Père de sa Patrie, il méritait un Temple;

Il mourut par vos mains... Et sa mort, qu'à jamais

Comme une atrocité le Monde entier contemple...

Sa mort est au rang des forfaits,

Que la postérité, ce Juge inéxorable,

     Ne pardonne point au coupable.

       Mais écartons tant d'horreurs ;

Oublions, s'il se peut, ce parricide impie :

Pour venger Cicéron, offrons à nos Lecteurs

      Le plus bel instant de sa vie,

Instant où ce Consul fut de Rome admiré.

      C'était le jour si remarquable

      De son Consulat expiré.

      Or la coutume, en cas semblable,

De tous les Magistrats exigeait les sermens,

Consacrés par l'usage & faits dans tous les tems.

Ce grand-Homme allait donc prononcer sa Harangue,

Alors que Métellus, ardent à l'outrager,

Du sublime Orateur veut captiver la langue.

      Mais dédaignant de se venger,

     Le Consul dit ces mots : Je jure . . . .

Le Tribun l'interrompt, & le Peuple murmure.

G 4.

Le Père des Romains héfite un feul inftant,

Et, d'une voix tonnante, auffi-tôt il reprend,

Je jure que mon zèle a fauvé la Patrie.

Tout à coup le Peuple enchanté,

Ecrafant fous les pieds les ferpens de l'envie,

S'écria, nous jurons qu'il dit la vérité.

CONTE XXXVII.

LE COCHER.

UN propos de bonnes-gens

Excite fouvent à rire :

Comment ont-ils pu le dire ?

Demandez-le à nos Savans.

DEUX Courfiers de belle encolure,

Au moindre figne bondiffans,

Embelliffaient encor la fuperbe voiture

D'un Maltotier fort brufque & des plus arrogans.

  Vous penfez bien que le fourrage

  Ne manquait pas à nos chevaux.

Par trop manger l'un meurt, malgré deux Maréchaux

Bien rentés, & partant ayant cœur à l'ouvrage.

  On fit vingt Confultations ;

Mais l'animal paya tribut à la nature.

Si voyez qu'on peut bien fe paffer de fourrure

Pour guérir promptement les indigeftions.

Le Maître, au défefpoir de fi trifte aventure,

Chez tous les Maquignons renommés dans Paris,

Envoya fon Cocher, pour, n'importe à quel prix,

Avoir feconde bête, au défunt comparable.

Au retour du Valet, le Maltotier lui dit :

As-tu ce qu'il me faut? Celui-ci répondit :

Oui-dà ; car j'ai, Monfieur, trouvé votre femblable.

CONTE XXXVIII.

LA BELLE-MERE ET LE GENDRE.

Vous paraissez chagrin à vous noyer ;

Rien ne peut vous distraire.

Las ! un moment, Monsieur l'Atrabilaire,

Il suffira d'un mot pour égayer

Votre douleur amère.

Vous pleuriez tout-à-l'heure, & vous rirez soudain,

Vous rirez : c'est ainsi qu'est fait le cœur humain.

Une Femme jeune & charmante,

En dépit du savoir d'un Docteur séduisant,

Etait presque mourante :

La Parque, à grands pas accourant,

Avec le Médecin vint lui rendre visite,

Et l'inscrire pour le Cocyte,

Pays, d'où l'on ne revient pas,

Pays, où sont perdus les talens, les appas.

Toute la chambre était remplie

De beaux-frères, de sœurs, & puis d'autres parens,

Une Mère aux abois, & déteftant la vie,

    Frappait l'air de gémiffemens.

Tout-à-coup, près du lit, cette Mère s'écrie :

O mon Dieu ! rendez-moi cette Fille chérie,

    Et prenez mes autres enfans !

Le Mari d'une Sœur, homme des plus plaifans,

Lui dit, avec beaucoup de tranquillité d'ame :

    Les Gendres en font-ils, Madame ?

CONTE XXXIX.

LE POËTE ET LE PRÉDICATEUR.

Choquer Rimeur, est sottise complette.

Comme une Abeille, il a son aiguillon ;

Et lorsque la piqûre est faite,

Elle ne va pas sans cuisson.

Boileau, que le Pinde avoue

Pour l'un de ses Potentats,

Eut, pour je ne sais quel cas,

Dispute avec Bourdaloue.

Cet Aigle de la Chaire, ainsi qu'en ses Sermons,

D'un ton impétueux débitait ses raisons,

Et de son sentiment paraissait idolâtre :

C'était à qui serait le plus opiniâtre.

Mais le Jésuite enfin battu par tous les bouts,

Et ne sachant plus que répondre,

Dit au fougueux Boileau, croyant bien le confondre :

Il le faut avouer, tous Poëtes font fous.

Vous donnez, Révérend, lui répondit l'Athlète,

    Dans la plus grande des erreurs.

Aux Petites-Maifons, j'ai vu, contre un Poëte,

    Pour le moins dix Prédicateurs.

CONTE XL.

LES GAGES.

Palaprat (a), qui mit dans fon Tôme

Le Drame plaifant du Grondeur,

    Quoique Bruyeis en fût l'Auteur,

Chez le Grand-Prieur de Vendôme

    Prenait certaines libertés ;

Et lâchant bride à fa verve féconde,

(a) Ami de l'Abbé de Bruyeis, & Secrétaire du Grand-Prieur. Palaprat s'attribuait, fans façon, les Comédies de l'Abbé.

Difait de dures vérités

Au meilleur Prince du monde.

Le Philofophe (*a*) Catinat,

Guerrier chéri des Sages,

Aimait l'Auteur. Je crains, lui dit-il, quelqu'éclat :

Un jour le Grand-Prieur punira vos Adages.

Monfieur, raffurez-vous, répondit Palaprat,

Je n'ai pas d'autres gages.

(*a*) Maréchal de France, auffi bon Philofophe que grand
Général.

CONTE XLI.

LÀ DAME QUI ACCOUCHE.

Amis, qu'on est trompé, lorfque, fans bien connaître

Les perfonnes & leur humeur,

On fe livre par trop aux élans de fon cœur !

Souvent l'homme n'eft pas tout ce qu'il veut paraître.

Quant à la femme, peut-être,

C'eft pis : la plus vive ardeur

N'eft payée autrement que par un ris moqueur.

Que faire à tout cela ? Supporter l'exiftence,

Enrager, mais tout-bas, & prendre patience.

Une maifon connue étoit toute en rumeur,

Voifins, garde fervante invoquaient Saints & Saintes;

La Dame du logis fentait de la douleur

Pour accoucher : fallait entendre les complaintes,

Fallait voir les foins de l'Epoux,

Mais très-Epoux, & portant mine

G*

D'un Etre débonnaire & doux.

'Aux moindres cris, il conjurait (*a*) Lucine

De regarder en pitié

Sa Moitié.

La maligne femelle

Criait encore de plus belle :

L'Accoucheur actif travaillait,

Et l'Epoux bénin fanglotait.

'Affez fouvent on compte fans fon hôte;

Vous allez voir. Mon cher petit mari ,

Dit la femme fouffrante au Bon-Homme attendri,

Ah ! ne pleure pas tant : va, ce n'eft pas ta faute.

(*a*) Déeffe qui préfidait aux accouchemens.

CONTE

CONTE XLII.

L'ABBÉ.

Manteau, rabat, de l'esprit, du caquet,
Voilà l'Abbé. Toute femme élégante
N'en chôme pas. Madame n'est contente
Sans cela. Puis il faut le perroquet,
Le joli chien, la petite guenuche,
Telliamed (a), le Spectacle de (b) Pluche.
Possible est-il qu'alors le lourd ennui
Traîne chez vous sa séquelle avec lui?
C'est, comme on sait, les vapeurs & le somme.
L'Abbé, vraiment, est un très-galant homme:
Dans la maison il dispose, il agit,
Cabale, intrigue & se rend nécessaire.

____

(a) Ouvrage qu'on peut appeller les Rêveries du Consul
Maillet.

(b) Le Spectacle de la Nature a eu beaucoup de succès.

On le confulte ; & que pourrait-on faire

Sans fon Abbé ? Il dit bien ce qu'il dit.

On le répand, on le vante, on l'encenfe.

Humble d'abord, déguifant ce qu'il penfe :

Poli, flatteur, le tout à fon profit.

Dès qu'une fois il vous a pris racine,

Lors oubliant fon nom, fon origine,

Il fait le Maître, il tranche avec éclat,

Auprès des Grands, par aftuce domine,

Et leur faifant refpecter fon rabat,

L'Abbé devient Duc & Pair & Prélat :

Témoin, je crois, un certain la (*a*) Rivière.

D'autres pourront glifler dans la carrière ;

Mais la Fortune a fait Duc un Pédant :

Revenons-y ; c'eft un Abbé pourtant.

Ce la Rivière, à beaucoup d'infolence,

_____

(*a*) Il avoit été Profefleur au Collège du Plefiis.

Joignant encor la plus baſſe naiſſance,

Régiſſait tout chez le fameux (*a*) Gaſton,

Frère du Roi : coup-d'œil , manège, adreſſe ,

Etaient ſon lot : il portait la fineſſe

Juſqu'à voiler même la trahiſon ,

Lui donnant l'air d'une bonne action.

Subitement, par la Parque ennemie ,

M o n s i e u r rayé de la liſte de vie ,

L'Abbé malin , tout pétri de douleur ,

Vantait beaucoup , devant (*b*) M a d e m o i s e l l e ,

Les grands talens de feu ſon Protecteur.

Ah ! qu'il valait beaucoup, dit le Flatteur !

Vous devez bien ſavoir, répliqua-t-elle ,

Ce qu'il valait, & mieux que moi, je crois,

Vous ne l'avez vendu que trop de fois.

(*a*) Frère unique de Louis XIII.

(*b*) Mademoiſelle de Montpenſier, fille de Gaſton.

CONTE XLIII.

L'AMBASSADEUR DE SIAM.

L'Europe a son système, & l'Asie a le sien ;

Siam & le Japon ont leur magnificence :

Mais cette fleur du goût ne se trouve qu'en France ;

Sans elle, selon moi, le beau n'est encor rien,

Et n'a qu'une frêle existence.

Quant à la trempe des esprits,

L'esprit, ce feu céleste, est de tous les pays.

La Bru du grand Colbert, jeune, vive & jolie,

Reçut visite & compliment

Du grave Ambassadeur d'un Monarque d'Asie.

Elle lui dit, en plaisantant :

Pourquoi les Siamois ont-ils plus d'une femme ?

C'est un grand embarras de partager sa flamme ;

Il faut, quel temps perdu ! voir, choisir, éprouver.

L'Ambassadeur reprit : Si, grace à la Fortune,

Madame, dans Siam il pouvait s'en trouver

D'aussi belles que vous, ah ! nous n'en aurions qu'une.

CONTE XLIV.

LA PARURE.

QUELQUEFOIS le trop de parure,
Attire fâcheufe aventure.

UN Petit-Maître, au rang des plus railleurs,
Qui frondait tout, qui n'avait point de mœurs,
Voyant en Cour une Femme élégante,
Du feu des diamans la tête étincelante,
L'aborde d'un air infolent:
— Madame, jamais de la vie
Je n'ai rien vu de fi brillant.
Il eft fort bon d'être jolie;
Par ma foi, la galanterie
Eft un métier non moins lucratif que charmant.
Petit Mignon, dit la Dame en colère,
Vous croyez donc parler à votre Mère?

CONTE XLV.

LES BANCS DE PAROISSE.

IMAGINATION, Peintre de la Nature,
Viens échauffer mes fens, viens enhardir ma voix,
Viens, parais, rends ma courfe auffi prompte que fure.
Ton fouffle eft mon moteur, tes écarts font mes loix.
Ta lumière éclatante embellit jufqu'aux Graces.
Arrête. . . . De tes pas qui peut fuivre les traces ?
De tes yeux enflâmés jailliffent mille éclairs :
C'eft dans ton fein brûlant qu'habite le Génie :
Tout refpire avec toi, tout prend l'ame, la vie ;
Mais, fans toi, tout languit, tous les Arts font aux fers.

J'ENTENDS déja crier : — Bon Dieu, miféricorde !
Pour des bancs abattus, ah ! quel pompeux Exorde !
— J'y foufcris de bon cœur! Pourtant, dans fon Lutrin,
Defpréaux a chanté du ton le plus augufte,

L'Enfant de chœur Guillaume, un Chantre, un Sacriftain,
Un Barbier, un Hibou ; cela n'eft-il pas jufte ?
—Belle raifon ! Mais vous, de quoi vous mêlez-vous ?
 — Importun Cenfeur, je m'amufe.
 Chacun, en paffe-temps fi doux,
Peut, ainfi qu'il lui plaît, aventurer fa Mufe.

 Sophie, on peut dormir quelques heures de moins,
Suivez-moi, vous verrez, avec peu de témoins,
 Cette deftruction fecrette,
De trente énormes Bancs que tout dévot regrette.
Nous entrons, nous voyons la hache & le maillet
Mettre, à coups redoublés, tout ce bois en pouffière,
Nous voyons Marguilliers, en dépit du vulgaire,
S'applaudir à l'envi du grand coup qu'ils ont fait.

 La Nuit, fur le clocher fixant fon char d'ébène,
Prêtait aux Travailleurs fon voile ténébreux :
L'Architecte animé, criant à perdre haleine,

H 4

Excitait au travail ſes Limouſins nombreux.

L'aſpect de douze brocs du bon jus de la treille

Encourageait de loin leurs pénibles efforts ;

    Enfin, tout allait à merveille,

Et de nos gens, le vin remontait les reſſorts ;

    Quand, tout-à-coup, une cloche tintée

    Fait retentir la voûte épouvantée ;

Vous euſſiez vu ſoudain les Maçons terraſſés,

Brocs tomber de leurs mains & cent verres caſſés.

Des Bedeaux éperdus l'ame eſt préoccupée.

O déſaſtreuſe nuit ! événement fatal !

L'un apperçoit Saint Paul, arrivant à cheval,

Pour mettre la police avec ſa longue épée :

Un autre voit Saint Pierre & ſon triple bonnet ;

Il a l'air menaçant & paſſe comme un trait.

On entend de nouveau cette cloche fatale :

On tremble, on court, on fuit, l'alarme eſt générale.

    Un Manœuvre pâle & défait,

S'écrie : Ah ! c'eſt Monſieur * Guéret !..
Un autre en clignotant, dit : Je vois ſa ſoutanne ...
Il ſe proſterne, tombe, & reſtant ſtupéfait,
Bégaye encor ces mots : Oui, c'eſt lui qui ſonnait.
L'Architecte, faiſant voler les coups de canne,
Des Ouvriers tremblans raſſure les cerveaux,
Et tous, en ſe ſignant, reprennent leurs marteaux.

Enfin, le jour paraît ; mais par la Renommée
Cette grande nouvelle étoit déja ſemée :
Le Peuple vient en foule, hommes, femmes, enfans.
De Picpus, de Montreuil, les Jardiniers paraiſſent,
Qui tous, bouche béante, atteſtent, c'eſt céans.
A grands flots, les Troupes s'accroiſſent :
Ce ſont du Port Saint-Paul les hardis habitans,

---

* Célèbre Curé de Saint Paul, qui s'était toujours oppoſé
à la démolition des Bancs, qu'on n'exécuta que quelques
jours après ſa mort.

Et les Poiſſardes en capotte,

Et toute la gent porte-hotte,

Et Laitières criant, beurre, fromage, œufs blancs.

On ſe preſſe, on ſe heurte, on commente l'hiſtoire,

On veut aſſommer ceux qui ne veulent pas croire

Au chapitre des Revenans.

Bientôt le tumulte redouble ;

Les filoux, profitant du trouble,

Eſcamottent carpes, harengs,

Et vous battent encor les gens.

Chacun ſe pouſſe & donne ſa bourrade,

Tant animés paraiſſent les eſprits ;

Tous les pavés ſont jonchés de ſalade,

Les flots de lait inondent le parvis ;

On n'entend plus que plaintes & que cris,

On ne voit plus que viſages meurtris.

Un Porte-Verge altier veut, par ſon entremiſe,

Appaiſer le vacarme. On ne l'écoute pas ;

On le traite de haut en bas :

Il n'ofe plus ouvrir les portes de l'Eglife.

Chacun court vers le Suiffe & fait fa queftion ;

On le ferre, on l'étouffe , & l'on crie au miracle,

Tout le Peuple blâmant la nocturne action ,

    Veut qu'à la démolition

    Le feu Pafteur ait mis obftacle.

Le Sonneur , prefque mort d'une contufion ,

Ne fachant que répondre à cette populace ,

Qui fur l'événement le talonne & le laffe ,

Court vîte au cabaret en chercher la raifon.

CONTE XLVI.

LES AILES DE L'AMOUR COUPÉES.

CERTAIN jour, qu'avec ma Sylvie
Je m'égarais dans les bois d'Idalie,
Je trouvai Cupidon qui, couché sur des fleurs,
Du repos goûtait les douceurs.
Un myrte verd, dont le feuillage
Cédait, en s'agitant, au souffle des Zéphirs,
Ombrageait le Dieu des Plaisirs,
Et des Jeux, la Troupe volage,
Pour ne point troubler son sommeil,
Folâtrait à l'écart dans un petit bocage,
En attendant l'heure de son réveil.

J'AVAIS l'Amour en ma puissance,
Son arc était sur le gazon :
Par trop de prévoyance,
Je n'osai le voler à ce petit Fripon.

Sylvie, au même inftant, faifit avec adreffe
Et l'arc & le carquois du plus malin des Dieux.
Auffi rapidement que l'éclair fend les Cieux ,
Une flèche partit des mains de ma Maîtreffe ,
Et vint me frapper à fes yeux.
L'Amour dort me dit-elle,
Il nous la donne belle :
Pour l'enchaîner cueillons des fleurs ;
Sachons nous fatisfaire & venger tous les cœurs.
Arrête, ma Sylvie, arrête ;
N'appelle pas la tempête.
Elle , avec un tranfport
Qui lui donnait de nouveaux charmes :
Je veux , fans grand effort ,
Bleffer l'Amour avec fes propres armes.
Il fe réveillera , repris-je , & fon courroux...
Qu'il fe réveille ou non, je ne crains point fes coups.
Sylvie alors prend des rofes ,

H *

Fraîchement éclofes,

Elle en couvre l'Enfant, & dit d'un air malin,

Riant beaucoup de fon ouvrage :

Les Jeux te chercheront en vain :

Il faut mon bel Ami, te faire au badinage.

Mais à quoi m'amufé-je ? Ah ! que de temps je perds !

Vîte, vîte, coupons fes ailes :

Je vais délivrer l'Univers

Des Inconftans, des Infidèles.

Ce petit Mutin-là vole de cœur en cœur,

Vous les perce au hafard de fes flèches cruelles,

Et, pour faire niche aux Belles,

Du plus volage eft protecteur.

Des funeftes cifeaux déja les mains armées,

Elle prend de deux doigts les ailes renommées

Du Dieu, qui dort profondément.

J'en fus ému ; je lui crie, en tremblant :

Recule... Au lieu de m'entendre,

Elle coupe auffi-tôt les ailes de l'Amour :

Puis me jettant un regard tendre,

D'un pas léger s'enfuit du beau féjour,

Sans m'attendre.

Au fortir des bras du fommeil,

L'Amour veut s'envoler. O trop fatal réveil !

Il ne peut s'élever à la voûte éthérée.

Mais lorfqu'il voit fes plumes fur les fleurs,

Le petit Dieu verfe des pleurs.

Jupiter l'apperçoit du haut de l'Empirée :

Il commande aux Zéphirs d'avoir foin de l'Amour.

Tous ces Enfans ailés le portent à fa Cour :

Cupidon eft bientôt dans les bras de fa Mère.

Chère Maman, dit-il, une main téméraire

A maltraité ton Fils.

Sur ton fein je battais des aîles ;

Je n'en ai plus. Mes traits me font ravis :

Je vais être la fable & des Dieux & des Belles.

H *

Mon cher Mignon, dit la tendre Cypris,

De la main essuyant ses larmes,

Et lui prodiguant tous ses charmes :

Tiens-toi sur mon sein,

N'en bouge pas, tu sentiras soudain

Tes deux ailes renaître.

Déja, je les vois paraître !

Console-toi, Mignon, & vole avec les Ris

Au céleste Pourpris.

Bientôt l'Amour atteint le séjour du tonnerre,

Et d'un œil irrité contemple encor la terre.

Mais pour se venger

De la téméraire Sylvie,

Ce Dieu lui fait passer sa vie

A toujours changer ;

Cruel Amour, je suis seul ta victime

Oui, c'est moi qui suis ton martyr,

Hélas ! n'aurais-tu point pour expier son crime

Des tourmens moins affreux à me faire souffrir ?

CONTE XLVII.

L'ÉDUCATION

DE LA JEUNE PAYSANNE.

Qu'il est de gens, dans ce bas monde,
Pour leur propre intérêt croyant agir au mieux,
Qu'une mal-adresse profonde
Fait tomber dans un piége, & puis on se rit d'eux.

Un Procureur à face ronde,
Qui tenait dans ses lacs Gens de Ville & de Cour,
Parlait à tous avec faconde,
Captif dans son Etude, employait bien le jour,
Et tirait force argent de sa plume féconde :
La terre en sots si fort abonde !
Le soir il prenait du bon temps.
Il pouvait avoir soixante ans ;
C'est un âge où l'on se repose.

I

Lui , valait encor quelque chofe :
De Femmes le Gaillard ne pouvait fe paffer ;
La fienne, depuis peu, venait de trépaffer :
 Groffe Commère, guillerette,
 Point vieille , encor de bonne emplette.
Notre Epoux la pleura durant un jour entier ;
 C'eft la coutume , & puis dans le quartier
 Alla bientôt chercher fortune.
 Tantôt il vous cajolait l'une ,
 L'autre demain ; c'eft doux métier :
Enfin, tant fit de courbettes , de mines,
Qu'il vint à bout d'attraper fes voifines.

 A u Rituel d'Amour il eft noté
Que courtifer , & qu'à cela ne tienne ,
Femme d'autrui, l'aimer comme la fienne ,
C'eft faire en tout , œuvre de charité.
Cétte Morale affez peu vous contente ,

Et là-dessus, infortunés Epoux,

Vous n'aimez pas que par trop on plaisante,

Montrez-vous donc agréables chez vous.

Le Procureur inconstant & frivole,

Se lasse enfin d'une vie aussi folle :

Tout ce train, se dit-il, peut être découvert.... ?

La réputation se perd ....

Cela renverserait l'Etude ....

Je veux me délivrer de cette inquiétude.

Conclusion, le fruit du secret entretien

Fut de trouver son petit ordinaire

Dans sa maison, à l'ombre du mystère ;

Plus de soucis par ce moyen.

Il se souvint que dans certain Village,

(C'était Auteuil), le plus joli visage

L'avait frappé. Gillette on l'appellait.

A peine, hélas ! seize ans elle comptait,

Comme une rose, elle était fraîche & saine ;
Jusqu'à la nuit cette Enfant s'occupait,
Avec sa Mère, à filer de la laine.

Sa pauvreté pas n'empêchait,
Que plus qu'un lys, qu'elle effaçait,
La Fillette ne parût blanche.
Dans le plus modeste corset,
Serré par un bout de lacet,
Que de trésors elle cachait !
Elle se parait le Dimanche ;
On voyait les petits Amours
Folâtrer sous ses jupons courts.

Vous comprenez que notre Villageoise
Devait avoir de grands yeux innocens :
Elle n'osait envisager les gens,
Craignant toujours qu'on ne lui cherchât noise.
Laissez-la faire ; allez, avec le temps,
Elle vaudra la plus fine Bourgeoise.

C'eſt à l'Amour à lui donner leçon.

Mon Procureur trouvait cela très-bon :

Elle eſt bête ; tant mieux, diſait-il, car ces Belles,

Avec tout leur eſprit & leurs airs façonnés,

Vous font ſouvent paſſer mille tours par le nez,

    Vous tirent des plumes des ailes,

    Et, qui pis eſt, ſont infidelles.

La Vendange venue, il vous part pour Auteuil,

Et va, ſans différer, demander à la Mère

    Sa Petite pour Chambrière.

    La Fille ne levait pas l'œil.

    — Il faut agréer ma requête,

    Ma chère Bonne, après la Fête ;

    Je n'ai perſonne : ah ! votre Enfant

Chez moi ſera très-bien ; & ſi j'en ſuis content,

    Qu'elle ſoit ſage, douce, honnête,

Elle en ſortira . . . . mais le chapeau ſur la tête ;

    En un mot, je la marîrai

A quelqu'un que je choifirai.
Cela dit gravement, & puis quelque largeffe,
Détermina la Femme ; elle lui fit promeffe
        D'envoyer fa Fille à Paris.
        Elle connaiffait le logis
    Du gros Monfieur, qui, par beaucoup d'adreffe,
    S'était bien fait aimer dans le pays.
    De-ça, de-là, l'on vantait fa fageffe.

Enfin voilà Gillette & fon petit paquet,
Chez notre Chicanneau débarqués clair & net :
Il la croyait déja tenir dans fon filet.
La jeune Payfanne était très-ébahie
De trouver à Paris force chevaux & gens,
Et tous ces embarras & tous ces bâtimens :
La Pauvrette, à ce coup, reftait toute ébaubie ;
Elle, qui n'avait vu que des arbres fruitiers,
Le bon Curé du lieu, vaches & Marguilliers.

Le Maître, un ou deux mois, respecta la Fillette ;
 Et l'élevant à la brochette ,
Il lui fit le préfent d'une robe complette ,
N'épargnant pas un fou, quant à fon entretien :
 Cela lui donna du maintien.

Monsieur, un jour, va dîner par la Ville,
 Chez un Ami. Maître Clerc il avait,
Malin comme un démon, & dont le fang bouillait.
De l'abfence il profite , & cajole la Fille ;
— Lequel eft le meilleur de la Ville ou des champs ?
 Or ne vous fouciez , ma Mie ;
Vous ne pouviez pas mieux arriver que céans :
 Vous menerez joyeufe vie ;
Maître Anfelme eft humain : il fait bon avec lui.
 Vous n'aurez pas grand' peine ici.
 Or çà , pourquoi vous a-t-il prife ?
 Vous l'a-t-il dit ? — Nenni vraiment :

I 4

Ma bonne Mère seulement,

M'a fort recommandé de tout faire à sa guise.

— Votre Mère, ma Mie, a dit la vérité,

Et puis elle s'est bien douté

Que le grand Clerc saurait le reste de l'affaire.

Oyez, Gillette, un cas que je ne puis vous taire.

Lorsque Fille des champs vient chez un Procureur,

Il faut qu'au premier Clerc elle laisse tout faire ;

Du Maître il doit lui dire & les goûts & l'humeur,

Et lui montrer aussi les coutumes, l'usage ;

Sans quoi, la pauvre enfant aurait toujours grand'peur,

Et puis repartirait bientôt pour son Village.

Ma bonne Mère, au moins, ne m'en a pas dit tant,

Répondit-elle en rougissant.

Voilà plus d'à moitié ma Gillette attrapée.

Elle adresse au grand Clerc parole entrecoupée ;

L'autre ne perd point temps, il est cher en amour ;

Et jugeant la fille à la mine,

Il voit bien qu'il faut qu'il termine ;

Qu'il ferait un nigaud s'il reculait d'un jour.

Sans perdre un feul moment, il fe met à l'ouvrage ;

Et diligent à l'embraffer ,

Il fait entre fes bras les fiens entrelacer ,

Dans le prochain efpoir d'en faire davantage.

— Ma Mère ne me l'a pas dit.

A ce , mon Garçon répondit

Par des baifers. A fi plaifante école

La Payfanne profitait ;

Elle riait comme une folle :

Penfait que coutume c'était :

Le Clerc de mieux en mieux allait ,

Et ne laiffa l'œuvre imparfaite.

Or depuis ce temps-là , lorfqu'il trouvait feulette

La charmante Friponne , il lui donnait leçon.

L'efprit lui vint , puis la raifon.

Le brûlant Procureur, qui veillait fur la Belle ,

S'applaudiſſait de ſa tutelle;

Lorſque Monſieur ſon Clerc, ſans Procuration,

Etait cauſe, lui ſeul, de la mutation.

Notre Praticien donne boucles d'oreilles,

   Gentils pompons & bracelet,

   Et la bague & le mantelet.

   Ajuſtemens font des merveilles.

   Dans ſa Gillette il ſe mirait.

   A Maître Anſelme il prit envie,

Après tant de bienfaits, d'en recueillir le fruit;

   Il s'y prépare à petit bruit,

   Et toute autre femme il oublie.

Il allait donc trouver fille neuve en ſa vie,

Le voilà qui d'abord prend la précaution

D'envoyer ſon grand Clerc chez un de ſes Confrères,

Paperaſſeur inſigne, &, dans l'occaſion,

Par énorme chicanne allongeant les affaires;

Le jeune & beau Mignon venait, au même inſtant;

De donner à fa Mie agréable accolade.

Sitôt qu'il fut parti, le Procureur content

Va trouver fa Gillette & lui fait embraffade.

Puis amoureufement il vous porte la main

Sur un joli cou blanc; il badine, il folâtre;

Et vous découvre un peu le fein :

Que s'offre-t-il à lui ? Deux jolis monts d'albâtre,

Au boutonnet de rofe, élaftiques de plus,

Tels qu'il n'en avait jamais vûs.

Serrant donc de fort près fa gentille Servante,

Qu'il croyait fermement fur le cas innocente,

Réfiftance il trouva, ce qui bien plus le tente :

Comme c'était ainfi que le Clerc en ufait,

Lorfqu'à la belle Enfant la leçon il faifait.

Elle tout bonnement, d'une mine riante,

Dit au Praticien : Alte-là. Par ma foi,

Nous en fortons fur l'heure & votre Clerc & moi.

CONTE XLVIII.
LA BALE.

Esculape, de mon aveu,
Est un Dieu fort respectable :
Mais que ne guérit-il un pauvre misérable,
Sans l'horrible secours & du fer & du feu ?
Le cas l'exige-t-il ? il faut que la prudence
Ne fasse pas à faux la moindre expérience.

A l'un des deux genoux blessé d'un coup mortel,
Un brave Colonel,
Depuis trois jours était à la torture,
De longues incisions
Et de la main les applications
Irritaient encor sa blessure.
On ne pouvait déménager
Le corps étranger.
Las de souffrir, il perdit patience,

Par les diables, dit-il, il n'est point de vigueur
Qui puisse résister à pareille souffrance:
    Puis à l'Opérateur
    Il fait sanglant reproche ;
Lequel lui dit : Je cherche bien l'endroit
Où la bale est nichée. Eh! corbleu, mal-adroit,
    Parlez donc ! je l'ai dans ma poche.

C O N T E XLIX.
LES ANES.

Un homme simple & sans étude ,
A maintefois plus d'esprit que les gens
    Qui font tant les savans :
Seul, il confond la multitude.

Un Paysan, de tous ses yeux,
Regardait le Palais où siége la Justice.

Il y voyait, à flots impétueux,

Entrer Huissiers malencontreux,

Avocats pétris d'artifice ,

Force Plaideurs & Curieux.

Alors il demande à l'un d'eux ,

Sans apparence de malice ,

Quel est ce Bâtiment pompeux ?

Tous se moquent du bon homme :

Revenez-vous de Rome ?

Quoi ! vous n'êtes pas assez fin

Pour connaître un Moulin ?

Je ne m'étonne plus , dit-il à la Cohorte ,

D'y voir, avec leurs sacs , tant d'Anes à la porte.

CONTE L.

LA BAGUE ET LE LICOU.

A Femme il ne faut s'attaquer,
    Car rarement elle pardonne.
Sa répartie est vive & n'épargne personne ;
    C'est bonne chose à remarquer.
Cajolez-la plutôt. Jeunes & surannées,
    Coquettes, prudes rafinées,
Les Dames, en un mot, pour les douceurs sont nées.
    Ce Sexe fait notre plaisir :
    On le connaît d'humeur maligne ;
    Reste donc, à qui l'égratigne,
      Le repentir.

Un Cordon-Bleu, voyant à la main d'une Femme
    Briller un gros diamant,
A haute voix dit sur le champ,

Le tout dans le dessein d'humilier la Dame :

J'aimerais mieux la bague que la main.

Cela n'était pas trop honnête.

Elle, aussi-tôt, répondit d'un air fin :

Et moi, j'aimerais mieux le licou que la bête.

CONTE LI.
LE GOURMAND.

Vive, vive un maître Gourmand,

Qui, sans danger, remplit sa pance :

Estomac bon & complaisant,

Est plus précieux qu'on ne pense.

Sans craindre l'indigestion,

Et pourvu, comme de raison,

D'un appétit formidable,

Un Parasite était à table,

Avec

Avec nombre d'Amis
Choisis.
Il dévorait les plats d'un œil infatiable ;
Avalait, avalait pigeonneaux & perdrix,
Sablait Bourgogne délectable ;
Et sa mâchoire enfin ne cessait de broyer,
Sans souffler mot, mais au point d'effrayer
Tout être raisonnable.
En dinant, on faisait un vacarme de diable :
Messieurs, dit-il alors, que très-fort soient maudits
Vos propos, vos chants & vos ris ;
Silence donc, cela dérange :
On ne sait pas ce que l'on mange.

K

CONTE LII.
LE DRÔLE DE CORPS.

LE plus violent des chagrins
N'émouſſera jamais la trempe d'un Génie
　　Tourné vers la plaiſanterie :
Oui, pour ſe retenir, ſes efforts ſeront vains.
Il rira, malgré lui, dans le ſein des alarmes,
Il dira le bon mot, tout en verſant des larmes.

　　Un Mari ſe déſeſpérait,
　　De la mort, par trop accablante,
De ſa tendre Moitié, jeune, fraîche, élégante.
　　De tous ſes bons Amis, c'était
　　A qui mieux l'en conſolerait.
　　Mon Dieu! diſaient-ils, quel dommage !
　　Vous faiſiez un ſi bon ménage :
　　La Défunte joignait, hélas !

L'efprit d'un Ange aux plus piquans appas ;
C'était chef-d'œuvre de Nature.
L'Epoux leur répondit, les yeux baignés de pleurs :
Oui, de l'efprit, des appas ; mais, Meffieurs,
Pas le fens commun, je vous jure.

CONTE LIII.

LA SERRURE ET SA CLEF.

LA vertu de la Femme eft un meuble fragile,
Et vouloir conferver tel bien,
Eft une entreprife inutile.
Cela foit dit, fans vous fâcher en rien,
Mefdames.
Vous allumez nos flammes :
Nous de les foulager nous cherchons le moyen.
Créature engageante,

A tes beaux yeux, à ta gorge mouvante,

A la fraîcheur de ton teint,

Pour réfifter, il faudrait être Saint :

Tu parais, tu fouris, & le diable nous tente.

U n gros Négociant,

Qui regorgeait d'argent,

Avait Fille très-jolie ;

Tous les jeunes Muguets l'aimaient à la folie.

C'était à qui lui paîrait des bouquets,

Et de gentils colifichets :

Fille jamais ne fut plus pourfuivie.

Bref, on la courut de façon,

Qu'enfin on lui fit un poupon,

Dont la Petite eut l'ame bien marrie.

Le Père, un beau matin, s'en étant apperçu,

D'abord commence à lui chanter injures :

Ah ! malheureufe ! à mon infçu,

Coquine, ah ! qui l'aurait donc cru ?

Faire un enfant ! Et puis des coups, des meurtriſſures,

Il vous frappait ſans relâche & par-tout ;

Ce qui n'était pas trop du goût

De la Pauvrette.

La Mère arrive, aux cris de la Fillette,

Que le Marchand battait ſon fou.

— Julie ! Ah ! mon cher cœur ! Julie !... Etes-vous fou ?

Finiſſez-donc, Monſieur Grégoire.

Le Mari dit : Voyez l'hiſtoire,

Et rougiſſez. Comment laiſſer

Careſſer

Votre Fille au point !.. Ma Femme,

C'eſt bien à vous plutôt, ſur mon Dieu, ſur mon ame,

Que je devrais m'adreſſer :

Tête ſans cervelle,

Que n'avez-vous veillé ſur ſon honneur ;

La choſe ne ſerait pas telle ?

Oh ! je ferai, du moins, pendre le suborneur.

La Commère, adroite & rusée,

Cajole, adoucit son Epoux,

Et lui dit, en Femme avisée :

Mon bon Ami, plus de courroux :

J'ai peu tort ; soit dit entre nous :

Car empêcher cela, c'est œuvre mal-aisée.

L'homme, dans sa conduite, est par fois déréglé ;

Monsieur Grégoire, il faut excuser la Nature :

D'ailleurs peut-on toujours garder une serrure,

Dont tant de monde a la clé ?

CONTE LIV.

L'ESCALIER DÉROBÉ.

Souvent la réparation
Que vous exigez d'une injure,
   Est moins une guérison,
   Qu'une nouvelle bleſſure.

Une Coquette outrée, une charmante, enfin ;
   Ce qu'on nomme une merveilleuſe,
Jeune & fraîche d'ailleurs, portant un air hautain,
   Et jouant bien l'Avantageuſe,
Chez un beau Préſident s'en vint par un matin ;
C'était pour lui parler de Procès & d'affaires,
Qu'elle n'enviſageait que comme des miſères.
   Madame enfile, clair & net,
L'eſcalier dérobé qui mène au cabinet.
Par ſa robe auſſitôt l'arrête par derrière,

Et qui ? Valet groffier, têtu, brutal, fort craint
    De tout Client : cette manière
Déplut à la Déeffe. Au Juge elle fe plaint
    De cette infâme brufquerie.
Quel outrage on vient-là de faire à fes appas !
Le Magiftrat lui dit : Mille excufes, ma Mie ;
    Ce Maraud-là ne vous connaiffait pas.

CONTE LV.

LA RÉPRIMANDE.

IL eft de certains cas où la plaifanterie
    Eft déplacée apparemment.
    Rien de mieux dit : mais cependant,
      Perdez la fantaifie
De fubjuguer tout efprit mordicant.
Croyez-moi, c'eft vouloir arrêter un torrent ;
C'eft chercher à guérir un fou de fa folie.

Uɴ célèbre Prédicateur,

(Il parlait dans Poitiers à nombreufe affemblée.)

Ayant ouï conter les frafques d'un Docteur,

Qui menait une vie oifeufe & déréglée,

Car l'Efculape, aimable & beau parleur,

Quoiqu'il eût Femme affez belle,

Allait encor voir la Donzelle,

Et vous faifait fon Epoufe capot ;

Tel crime indifpofait notre Orateur dévot.

Aux Dames celui-ci cherchait toujours à plaire.

Un jour donc, en pleine Chaire,

Il apoftropha plaifamment

Monfieur le Docteur-Régent.

D'abord contre le vice,

Il vous déclame en général,

Prouve que pour nous mettre à mal,

Satan jamais ne manque d'artifice ;

Puis il en vient, non fans malice,

Au cas particulier,

Et dit, d'un ton benin & familier :

Nous apprenons, avec douleur amère,

Que quelques gens perdus, commettent l'adultère ;

Pourtant, ils ont à la maison

Femmes de si gente façon,

Que, sans chercher ailleurs affaire,

Nous, & tel autre bon Chrétien,

Nous nous en contenterions bien.

CONTE LVI.

LA BATAILLE DE ROCROI.

LE grand Condé (quel nom & quel portrait à faire!)

Jeune encor, d'un pas affuré,

Parcourait des Héros la brillante carrière.

A vingt ans admiré,

Son génie étonnant, fon coup-d'œil, fa vaillance;

Valaient mieux que l'expérience.

Sans trouble, il fe portait

Où le péril preffait.

Actif, rien ne pouvait

L'arrêter dans fa courfe ;

Intrépide, il voyait

Et le danger & la reffource.

DANS un Confeil de Guerre (il s'agit de **Rocroi**),

On héfitait fur la Bataille : Eh, quoi !

Cria Condé, dont l'ame généreuse

Ne connut jamais l'effroi :

Braves Compagnons, fuivez-moi ;

La Bataille eft avantageufe.

Gaffion (*a*) répliqua : Que devenir pourtant ,

Si l'Ennemi l'emporte ?

Le Héros dit : Que vous importe ?

Je ferai mort auparavant.

(*a*) Maréchal de France.

CONTE LVII.

SAINT LUC ET SAINT CÔME.

ON voit toujours en guerre & S. Côme & S. Luc :
L'un parle de Morand (*a*), & l'autre cite Aſtruc (*b*).

U N Médecin, dos au feu, ventre à table,
Argumentait contre un Opérateur,
Gentil Barbier, Maître–ès–Arts reſpectable.
Dans la diſpute on mêla de l'aigreur :
On criait fort, & le jeune Hippocrate
Adroitement donnait ſon coup de patte.
Le repas fait, ſe menaçant des yeux,
Ils étaient prêts à ſe battre tous deux.
Lors un Plaiſant : Trève aux fanfaronades,

(*a*) Très-célèbre Chirurgien.
(*b*) L'un des plus grands Profeſſeurs en Médecine de
l'Europe.

Trève, dit-il. Ah ! pour Dieu, point d'aigreur.
Et vous, au lieu de tant crier, Docteur,
Remerciez plutôt Monsieur,
De vous faire des Malades.

CONTE LVIII.

LE BOUCHER PRÉVOYANT.

IL n'est pas mal d'avoir un peu de prévoyance :
Mais le trop, quelquefois, est une extravagance.

A la fin du Carême, un Boucher se mourant,
A sa tendre Moitié disait, en soupirant :
Ma chère Femme, il faut épouser après Pâques,
Plutôt, si possible est, notre grand Garçon Jacques.
C'est un fier Compagnon : heureux dans ses desseins,
Hardi, grand travailleur, & bon à toutes mains ;
Il sait bien le Métier, accommode le monde,

Et vous fent fon Boucher d'une lieue à la ronde :

Voilà ce qu'il te faut ; Mamour, je m'y connais.

Mon Ami, reprit-elle, en honneur, j'y penfais.

CONTE LIX.

LE MANCHE.

DE tout Efprit malin la Satyre eft aimée ;

Mais fon Auteur eft révoltant :

Dans ce hardi Métier le trop de renommée,

Vaut par fois à fon homme un propos infultant.

CERTAIN Rimeur, envieux, fatyrique,

Se confacrait à la Scène lyrique :

Un, deux fuccès, lui valurent un nom,

Et fes bons mots, quelques coups de bâton.

Un jour il coudoyait un homme,

Dans le Parterre, à l'Opéra.

On le connaît... c'est vous... puis on le nomme.

C'est à qui plus haut parlera.

—Travaillez-vous? —Sans doute,& vous verrez cela.

Quelle comparaison! Ici, c'est moi qui tranche :

Je compose un Ballet charmant & qui plaira.

Derrière lui, lors quelqu'un s'écria :

Monsieur,Monsieur,prenez bien garde au manche.

CONTE

CONTE LX.

LE MORIBOND
ET LE JURÉ-CRIEUR.

A-t-on été, dans le cours de sa vie,
Original, on l'est jusqu'à la mort.

A la raison, ou bien à la folie,
Le naturel nous conduit sans effort.

Un bon Bourgeois, homme à saillie,
Qui fréquentait tous les Savans,
Et qui passait fort bien son temps
Avec Bacchus & sa Julie,
Fut attaqué de grave maladie.
L'homme était riche : à son secours
Vous accourut, en grande diligence,
Un Médecin, connu par sa prudence ;
Puis après, cinq ou six. Malgré les beaux discours

De cette Cohorte fourrée,

Malgré tous les juleps, la fiévre avait son cours ;

Et dans l'espace de trois jours,

La maladie était fort empirée.

Le pauvre diable, impatient,

Disait à ses Docteurs : Par grace,

Finissez-moi. Vous parlez savamment,

Messieurs ; mais tout cela me lasse.

Agissez donc : j'ai vu mourir plus promptement.

Alors il fit venir un Crieur respectable,

Mais Crieur très-Juré, partant homme capable

De raisonner conséquemment

Sur son prochain enterrement.

Monsieur, dit l'Officier notable,

Voulez-vous être enterré noblement ?

— Je l'entends. — Vif ou mort, tant soit peu de parure

Ne messied pas. — Oui-dà. — Or, tant pour la tenture.

— Fort bien. — Et pour la cire tant ;

Puis tant pour le Curé préfent ;

Tant pour ... — Ah ! trève de paroles,

Lui dit le Moribond : Eh bien !

Tenez, voilà deux cent piftoles,

Je ne me mêlerai de rien.

CONTE LXI.
LE PROCÈS.

Quand même on vous aurait volé tout votre bien,

Quand vous auriez raifon, fuyez Dame Juftice ;

N'employez point d'Huifliers ; craignez d'entrer en lice :

Car que gagnerez-vous, malheureux Plaideurs ? Rien.

Procureurs, Avocats, Clercs, Gréffiers, & les formes,

 Et les paperafles énormes

  Bientôt engloutiront

  Tout votre fond.

Ces Meffieurs, dans un pré ne laiffent pas brin d'herbe.

A Thémis, croyez-moi, ne faites point de vœux.

Un accommodement vaut mieux

Que le gain d'un Procès, dit l'ancien Proverbe.

U n Abbé perdit un Procès :

Il ne doutait pas du succès ;

Et, selon lui, cette affaire,

Plus que le jour était claire.

Un vieux Routier, qui bien s'y connaissait,

Dit : La cause, ou qu'on m'assomme,

Pas une maille ne valait ;

Et vous avez perdu tout d'une voix. Mon homme

Repart : Erreur ; dites-donc tout d'un somme.

A l'Audience, hélas ! chaque Juge dormait.

CONTE LXII.

LE TOMBEAU DE L'AMOUR.

Mon pauvre Hymen, ton lit de rofes
De ton Frère volage eſt ſouvent le tombeau.
    Trop cruel Amour, tu diſpoſes
De tout cœur à ton gré. Fais luire ton flambeau
    Sur l'Epoux honnête & ſenſible.
Malgré les préjugés, certes, il eſt poſſible
Qu'on adore ſa Femme. Oui-dà, le trait eſt beau.

      Un bon Gentilhomme,
       Opulent, Dieu ſait comme,
       Devint amoureux-fou
De la jeune Chloé, qui n'avait pas un ſou :
Au reſte, c'était bien le plus joli bijou
      Qu'on connût dans la Province ;
       Morceau de Prince,

Ne serait pas trop dire : & puis aux agrémens

Elle joignait l'esprit & les talens ;

Sage, discrette, point volage,

Elle aurait fait tourner la tête du plus sage.

Notre Galant

Aimait bien la beauté , mais encor plus l'argent.

Oublions, dit-il, ma Maîtresse :

Sans du comptant,

Qu'est-ce que la tendresse ?

Bien peu de chose, au moins. Eloignons-nous

Ne pensons plus à cet objet si doux :

Allons vîte en Afrique ;

Parcourons l'Amérique.

Il part ; mais il avait en croupe les Amours.

Le voilà de retour : il repart, & toujours,

Il va, revient ; de voyage en voyage,

L'Amour le balottait : c'était pis qu'une rage.

Le minois de Chloé savait seul le charmer.

Un Trône valait-il un regard de sa Belle ?
Aussi quand il voyait une ombre devant elle,
   Tout aussitôt de s'alarmer ;
De prendre de l'humeur, mais de l'humeur jalouse.
Ah ! dit-il, à la fin, pour cesser de l'aimer,
   Il faudra donc que je l'épouse.

CONTE LXIII.

LE MARGUILLIER
D'HONNEUR.

L'HOMME ingénieux,
   Par une jolie
     Repartie,
  Confond tout Avantageux :
Et le beau Monsieur, qui se livre
A sa grosse gaîté, par fois apprend à vivre.

U n Curé fameux vint prier

Certain opulent Financier,

De faire à sa Fabrique

La grace d'accepter le poste magnifique

De premier Marguillier.

Mais le Richard, à sa supplique,

Répondit, d'un ton résolu,

Moi ! j'aimerais autant être cocu.

Le Pasteur dit : Vous pouvez être nôtre :

L'un n'empêche pas l'autre.

CONTE LXIV.

LA JAMBE DE BOIS.

Ton lot, tendre Vénus, eſt de peupler la terre;
Occire ou mutiler, c'eſt celui de la guerre.

Un Capitaine, qui de Mars

Avait bravé tous les haſards,

Une jambe de moins, en ſortit & fut quitte :

(Dieu des Combats, voilà ce qu'on gagne à ta ſuite).

Un Ouvrier, (c'était le Laurent (*a*) d'autrefois)

Lui fit jambe de bois,

Qu'on prenait pour naturelle.

(*a*) Célèbre Méchanicien, qui fit, en 1760, un bras artificiel à un Soldat Invalide. Ce chef-d'œuvre de Méchanique valut, à ſon Auteur, une Epitre remplie de très-beaux Vers, par M. l'Abbé de Lille, de l'Académie Françaiſe.

Notre Officier, sans le moindre embarras,

Marchait, courait, faisait route avec elle;

Et le Diable, bien fin, n'eût deviné le cas.

Cinq ou six ans après, la guerre recommence,

Car les hommes sont nés pour se battre toujours.

Le brave Militaire, encor sans récompense,

Pour son Roi, de nouveau, veut exposer ses jours.

    Il prépare son équipage,

    A ses bons amis dit adieu,

Rejoint le Régiment, & va, plein de courage,

Une seconde fois s'exposer au grand feu.

La Bataille se livre, & le gros canon gronde:

Le plus brutal boulet, en moins d'une seconde,

A la jambe de bois livre un soudain assaut;

    En l'air elle ne fit qu'un saut.

    Quelqu'un criait, à perdre haleine :

Vîte un Opérateur. Non, dit le Capitaine,

    C'est un Menuisier qu'il me faut.

CONTE LXV.

LE BONNET JETTÉ A L'EAU.

Aux premiers jours du monde,
Eve, Mère du genre humain,
Séduisit son Epoux benin.
C'est depuis ce temps-là, qu'en malice féconde,
La plus Femme de bien,
De tromper son Mari trouve encor le moyen.

Mathurin, gros Meûnier, un jour d'Epiphanie,
Faisait, dans son Moulin, bombance & chère-lie.
On tira le gâteau ; ce fut lui qui fut Roi :
Cela réjouit fort toute la Compagnie.
De crier le Roi boit, Bacchus a fait la loi.
La Mathurine, un peu revêche,
Crier ne veut. Sur l'heure, à cette pigrièche,
Notre fougueux Meûnier détache un grand soufflet.

Elle, sans dire mot, quitte aussi-tôt la table.

L'homme jure ; on l'appaise. Entre amis on vous sable

A qui mieux mieux, son vin clairet,

Sans de la Femme être inquiet.

Pendant qu'on boit, d'un tour presqu'incroyable.

La Femelle s'avise : & bientôt elle met

Une pierre dans son bonnet,

Puis, du haut du moulin, le jette dans l'Ecluse :

Or, prenez bien garde à la ruse,

Elle se cache alors sous les roseaux.

Auprès de leurs Moitiés, que les Maris sont sots !

Au bruit que fait la pierre, en tombant dans la marre,

Notre homme effrayé dit : la coquine est bisarre ;

Je pense qu'elle vient de se jetter à l'eau.

Voyons d'abord : après je descends au caveau,

Remplir notre cruchon. Du meilleur de son ame,

Il avale rasade, & court après sa Femme.

Voyant, de loin, son bonnet surnager,

Tout nud, malgré le froid, le voilà de plonger;

   Car Mathurin aimait sa Ménagère,

Et, tout en frissonnant, il pleurait la Meûnière.

Quand, auprès des roseaux, la maligne Commère

      Vous apperçoit

      Le pauvre Hère,

Elle crie, en riant: Le Roi boit, le Roi boit.

CONTE LXVI.

LES TROIS MALHEURS.

Deux bons Amis, après une très-longue absence,

Se rencontrent enfin, par effet du hazard.

   Pour trancher court, je mets à part

Tous les menus détails d'une reconnaissance.

Comment te portes-tu? dit l'un. L'autre repart:

Pas trop bien. J'ai tâté du béni mariage,

Depuis que je t'ai vu. — Tu fis en homme fage.

— Pas tout-à-fait. J'ai pris . . .

J'ai pris la plus méchante Femme . . .

— Tant pis. — Pas trop tant pis :

Sa dot était, vois-tu, de deux mille louis.

— Ah ! que tu me réjouis l'ame !

Eh bien ! cela confole. — Oh ! pas abfolument :

La fomme a fervi, fur le champ,

A l'achat de moutons, tous morts fubitement.

— C'eft une fâcheufe aventure.

— Pas fi fâcheufe encor : la vente de leur peau,

M'a prefque autant valu que le prix du troupeau.

— Te voilà donc dédommagé, j'en jure.

— Point du tout. Un feu dévorant

A brûlé la maifon où j'ai mis cet argent.

— Quel grand malheur! — Pas fi grand qu'il te femble;

La maifon & la Femme ont brûlé tout enfemble.

CONTE LXVII.

L'ENTHOUSIASME POÉTIQUE.

IL faut qu'un vrai Poëte ait le cerveau bouillant ;

Qu'il foit fougueux, diftrait, peut-être mieux encore.

Mais ce fublime Efprit, qu'au Parnaffe on adore,

Aux regards du vulgaire eft un extravagant ;

Témoins le Victorin, objet de ma remarque,

Et l'immortel Auteur de la tendre Andromaque.

DANS le plus beau Jardin (*a*) qu'on puiffe offrir aux yeux,

Un jour on vit Racine égaré, furieux,

Du pied foulant la Terre, & le front dans les Cieux ;

On vit le Vainqueur d'Euripide

S'élancer tout-à-coup. Déjà, d'un pas rapide,

Au milieu du Baffin il fe précipitait . . .

(*a*) Les Thuileries.

Mais la Nymphe de cette rive,

Accourue aux doux sons des Vers qu'il enfantait,

A le sauver fut attentive.

D e Santeuil, à présent racontons, trait pour trait,

La fort singulière aventure.

Celui-là, de Poëte avait bien le Brevet,

Signé des mains de la Nature.

Rêvant à quelques Vers, dans l'ombre de la nuit,

Phébus l'éveille : il fort du lit,

Fait quatre fauts, ouvre la porte

De fon Poétique Manoir,

Et, dans l'accès qui le tranfporte,

Va, criant à chaque Dortoir :

Oui, Meffieurs, le Diable m'emporte,

Je l'ai trouvé, je l'ai trouvé.

Le gros Prieur fe lève. — Eh ! qu'eft-il arrivé ?...

Dans toute la Maifon fe gliffe l'épouvante :

Tenant

Tenant un beau bougeoir, de fa main tremblotante,
    Arrive le Supérieur.
Chanoines de le fuivre ; ils ont la plus grand' peur.
Santeuil eft reconnu. Chacun en rit aux larmes.

    — Monfieur, qui criez comme au feu,
Qu'avez-vous donc trouvé, pour caufer ces alarmes ?
Le plus beau Vers, dit-il, que jamais ait fait Dieu.

CONTE LXVIII.
L'HYPOCONDRE.

BIEN à plaindre eft celui qui, fe croyant malade,
Défole femme, enfans ; laffe fervante & garde.
A chaque inftant du jour il fe tâte le pouls,
Voit fa langue au miroir, jure, fe défefpère,
Et, pour un rien, fe met dans le plus grand courroux.
Pendant toute la nuit il rêve Apothicaire,
Tifanne & potions, aposème & clyftère.

               M

Avec lui , l'on croit être à l'Hôpital des Foux.

Je me meurs ; je suis mort : apportez donc ma bierre.

Hélas ! Monsieur Purgon , je n'ai recours qu'à vous.

Vîte , vîte , au secours. C'est ainsi qu'il sommeille.

Toujours le pauvre diable a la puce à l'oreille.

Tâtez-moi donc le ventre ; il est bouffant & dur ;

J'ai pris deux lavemens. Eh ! tâtez-moi le ventre ;

Tout reste, rien n'en sort. Enfin le Docteur (*a*) entre,

Quand du front , l'Hypocondre allait battre le mur,

Et qu'il vous appellait Confesseur à son aide.

A son aspect, il rend l'un & l'autre remède :

Il ouvre de grands yeux ; son visage allongé,

Reprend de la couleur & paraît moins changé.

L E   M É D E C I N.

Où sentez-vous du mal ?

______

(*a*) Le savant Falconet, Médecin de la Faculté de Paris,
à qui l'aventure est arrivée.

LE MALADE.

Par-tout, mais supportable.

LE MÉDECIN.

Comment va l'appétit ?

LE MALADE.

Je ne suis bien qu'à table.

LE MÉDECIN.

Le pouls ?

LE MALADE.

Voyez, Docteur.

LE MÉDECIN.

Il n'est point agité.

LE MALADE.

Non, pas trop.

LE MÉDECIN.

Dormez-vous ?

LE MALADE.

Oui....

LE MÉDECIN.

Signe de santé.]

LE MALADE.

Mais si peu.

LE MÉDECIN.

Le trop nuit.

LE MALADE.

C'est un trait remarquable.

LE MÉDECIN.

Monsieur, vous vous portez fort bien, en vérité.

LE MALADE.

Ah ! fort mal ; & je vois qu'il faudra que j'en meure.
Pour Dieu, guérissez-moi.

LE MÉDECIN.

Je vais donc tout-à-l'heure,
Ordonner bols, syrops, juleps & quinquina.
Qui . . . .

LE MALADE.

N'épargnez rien.

LE MÉDECIN.

Qui vous ôteront cela.

CONTE LXIX.

LE PLAISIR.

Qu i croit que le Plaiſir eſt au Ciel à toute heure,
  Se trompe fort : il change de demeure.
  Quand de la Terre il daigne s'approcher,
  Quand il s'y plaît, auſſi-tôt les Dieux même,
  Oubliant tout, juſqu'à leur rang ſuprême,
  Ne manquent pas de venir le chercher.
  Il le faut bien ; car, ſans lui, qu'eſt la vie ?
Des céleſtes lambris, une minute abſent,
  Tout y languit : la divine Ambroiſie
  N'a plus d'odeur, Hébé plus d'enjouement,
  Et le Nectar n'eſt plus que de la lie ;
  Graces & Ris ſont à déménager ;
  Momus renonce à la plaiſanterie,
  Junon s'endort, & Jupiter s'ennuie :
  Ma foi, les Dieux font bien de déloger.

M 3

LE Plaisir donc, en petit volontaire,
Agilement du Ciel venait de fuir ;
Il habitait un Réduit solitaire.

Mercure accourt, par-tout le cherche, espère ;
En cas pourtant qu'il puisse le saisir,
Le ramener, sur le bout de son aile,
Au beau séjour de la Troupe immortelle.

De prime-abord, ce qui s'offre à ses yeux,
Est tout l'éclat d'une Fête nouvelle :
Grand appareil & Spectateurs nombreux ;
Qui n'eût pas cru le Plaisir en ces lieux ?
Bientôt le Dieu pénètre dans l'enceinte.
Mais l'Etiquette, en lui tendant la main,
S'approche avec le Faste & la Contrainte.
A leur aspect, Mercure fuit soudain.
Il voit, plus loin, la superbe Lutèce,
Ville fameuse, où l'altière Richesse,
Aux plus adroits, tient ses trésors ouverts.

Le Luxe y règne, & la Danſe & les Vers.

On y médit, on y trompe les Belles ;

Le ridicule eſt pour les cœurs fidèles.

Le Dieu regarde , & s'envole aux Remparts.

Il jette l'œil ſur ces ſuperbes chars ,

Où ſont traînés des Abbés de ruelles,

Trente Laïs étalant leurs dentelles ,

Et trouve à pied les plus jolis Minois :

Sous l'indienne , il voit taille élégante ,

Et pied mignon & gorge appétiſſante :

On les prendrait pour les Nymphes des Bois.

Mais toutes ces Maiſons roulantes,

Entr'elles diſputant de richeſſe & de goût,

Des Courſiers indomptés les bouches écumantes,

Et , dans un cercle étroit, de l'un à l'autre bout,

Tant de Voitures bondiſſantes,

Rumeur , pouſſière , ſtratz par-tout,

Font vîte déloger Mercure.

M 4

Oh ! le Plaifir, dit-il, eft loin d'ici, j'en jure.

A tire-d'aile, fuyant ces lieux,
Le Fils de Jupiter vient au Palais Magique,
Où la Danfe, les Vers, l'Optique,
Et les charmes de la Mufique,
Enchantent l'oreille & les yeux.
Vingt décorations galantes,
Héros à voix fonore, Actrices féduifantes,
De Terpficore enfin, les pas voluptueux,
Le Spectacle rempli de Femmes raviffantes
Semblent dire à Mercure, oui, le Plaifir eft-là.

Mal-à-propos il l'y chercha.
A préfent, le Plaifir n'eft plus à l'Opéra.
On cabale, on critique, & rien ne faurait plaire.

Déja fur le ton du myftère
On propofe foupers exquis ;
Chacun prend fa volée, Actrices, Ducs, Marquis ;

Danseuses, Financiers, vieux Suppôts de Cythère ;
On arrive au Sallon éclatant de lumière.

De la main des Jeux & des Ris,

Sur table les plats sont servis.

Tout paraît annoncer d'avance ,

Et le bonheur & la gaîté.

On croit trouver la Volupté,

Mais ce n'est que son apparence.

Mercure est dévoré d'ennui,

Et bâille, en écoutant le jargon d'aujourd'hui.
Bientôt il vole au Bal, Temple de la Folie.
Il écoute glapir la grosse symphonie,
Dont la lourde mesure est prise à contre-sens ,
Par un nombreux essaim d'Automates dansans :
Il suit, d'un œil moqueur, vingt Filles de Théâtre ,
A la gorge factice, au visage de plâtre ,
Et découvre, en un coin, de petits Intriguans,
Très-grands dupeurs de sots, & bêtement méchans.

Plus loin, chacun se presse, on crie, on se tourmente :
Le Messager des Dieux, s'en va toujours disant :
Où donc est le Plaisir ? Mais, dans le même instant,
　　Un Couple Amoureux se présente.
Rien n'était si joli : la jeunesse, en sa fleur,
Animait leur visage, appellait le bonheur ;
Pâris était moins beau, Vénus moins élégante ;
　　Après les propos les plus doux,
　　Ils convenaient d'un rendez-vous. . . .
Me voilà, dit le Dieu, quitte de l'Ambassade ;
Enfin si, jusqu'ici tout m'a paru maussade,
　　Ces deux Enfans vont être heureux ;
Certes, je dois trouver le Plaisir avec eux.

　　Du plus rapide train, un Char fend l'air & vole :
　　　　On eût dit que c'était
　　　　La Voiture d'Eole.
　　Il porte nos Amans d'un trait ;

Dans un Azyle heureux, écarté, folitaire,

A l'Amour confacré, Réduit propre au myftère,

La douce Volupté fit les ameublemens,

La Moleffe y peignit des tableaux raviffans,

De la belle Cypris le Goût fculpta l'image,

Et la toilette enfin, des Graces fut l'ouvrage.

A l'admiration, peu faite pour fon âge,

   On force Eglé, qui, fur l'emploi du temps,

   Laiffe échapper un propos ironique.

Par une raillerie, auffi-tôt on réplique :

     A l'inftant la Nymphe rougit ;

     Bientôt fuccéde le dépit.

     Mille careffes empreffées,

     Avec dédain font repouffées.

Bien avant de jouir, leurs défirs font ufés,

Et dupes, tous les deux, de leurs fens abufés,

En vain, dans la débauche, ils cherchent la nature,

L'aigreur & le dégoût terminent l'aventure.

MERCURE, qui ne paſſe pas.

Pour un Dieu trop novice, échappe à ce fracas :

Tout ce qu'il a vu-là, très-fort le ſcandaliſe.

De chercher le Plaiſir, il eſt, ma foi, ſi las,

Qu'il renonce à cette entrepriſe.

DÉJA le blond Phébus monte ſur l'horiſon :

La tendre Amante

Du vieux Tithon,

Annonce ſa marche brillante.

Le Meſſager du Ciel ſe trouvant au milieu

D'une campagne riante ;

Repoſons-nous, dit-il, un moment dans ce lieu.

Que la ſimple Nature

Parut belle aux yeux de Mercure !

Couché ſur un gazon qui bordait un ruiſſeau,

De loin il découvre un Hameau :

Il ſe lève, il y court : je ne ſais quoi l'entraîne

A la Cabanne prochaine :
(Jafmins , Lilas parfumaient le Jardin)
Il entre , & trouve Annette avec Lubin.

De la Rofe nouvelle
La jeune Fille a la fraîcheur :
Quatre luftres au plus , font l'âge de la Belle.
Dans fes yeux règne la douceur.
A l'Albâtre , fa peau le difpute en blancheur.
Sans doute , qu'en formant un fi joli vifage ,
La Nature charmée , admira fon ouvrage ;
Une gaze dérobe aux regards curieux ,
Les tréfors de fon fein , tréfors dignes des Dieux.
Les fleurs que fur fes pas prodigue la Nature ,
Lui fervent à nouer fa blonde chevelure.
Corfet fait à ravir , & gentils jupons blancs ,
Que fa main délicate a garnis de rubans ,
Compofent toute fa parure.

Lubin, encor dans ſon printemps,
Beau, frais, actif, adore ſa Maîtreſſe ;
Avec ſa chère Amie il cultive ſes champs,
Et les autres momens
Sont employés à la tendreſſe.
Ils n'ont qu'un cœur à ſe donner,
L'Amour unit leurs Ames,
Tour à tour ils chantent leurs flammes,
Et l'Hymen va les couronner.

La trop ſenſible Annette, en aviſant Mercure,
Perd les roſes de ſon teint,
C'eſt pour ſon Amant qu'elle craint.
Lubin redoute l'aventure :
Va-t-on, ſe diſait-il, va-t-on nous déſunir ?
Un moment Mercure s'arrête.
Déja dans leurs beaux yeux il a vu le Plaiſir.
— C'eſt donc ici qu'on lui fait fête.

Ne l'effarouchons point. Il s'éloigne, & s'apprête
A pouvoir le faifir.
Revenant fur fes pas, il voit les lys, la rofe,
La jonquille & le thim,
Servir de lit à notre Libertin :
Très-mollement le Fripon s'y repofe.
L'adroit Mercure, auffi fubtil qu'heureux,
Prend le Plaifir, & le ramène aux Cieux.

Tendres Amans, que c'eft dommage !
Aimez-vous bien malgré cela.
A coup fûr, dans votre Hermitage,
Inceffamment le Plaifir reviendra.

CONTE LXX.

LE PROCUREUR A CONFESSE.

LE pur hafard fouvent, produit des aventures,
Qui bleffent l'amour-propre & qui font enrager :
On entend quelquefois des vérités fort dures ;
      Bien fou de s'en venger :
Non, jamais le hafard ne peut nous outrager ;
Et l'intention feule eft mère des injures.

    UNE Nuit de Noël, un dévot Procureur,
(Boniface eft fon nom) d'humeur un peu jaloufe,
Fut à confeffe avec Madame fon Epoufe.
Un Père Cordelier était leur Directeur,
Bon homme, aimant le vin, & partant grand Docteur.
Notre très-Révérend commença par la Femme ;
Mais étant fatigué, bientôt il s'endormit.
La Pénitente, ayant bien nettoyé fon ame,

Garde

Garde un profond silence : elle croit que le bruit

Que faisaient au moment les orgues ravissantes,

Sous les doigts de (*a*) Marchand, si vives, si brillantes,

L'avait privé d'ouïr son absolution :

Elle se lève, & va non loin du Sanctuaire,

Faire acte solemnel, dit de contrition,

Et marmotter tout bas avec componction,

Dix *Pater*, dix *Ave*, tous par grains de Rosaire ;

De Madame, c'était pénitence ordinaire.

Le Procureur dévot, d'un air doux & contrit,

Sans tarder un instant, de la place s'empare ;

Puis il se signe : mais, & le cas n'est pas rare,

Le Confesseur ronflait, tout comme dans son lit.

Révérend, vous dormiez, lui dit l'homme de plume ?

Vous savez qu'une fois, ne fut jamais coutume :

Par tous les Saints, daignez m'écouter cette nuit.

(*a*) Le plus grand Organiste de son temps.

N

Non, non, je ne dors pas, répartit le père Hume,
S'éveillant en surfaut : votre dernier péché,
Madame, c'eft d'avoir cinq ou fix fois couché,
(De quelqu'une peut-être, encor je vous fais grace,)
Avec le Maître-Clerc de Monfieur Boniface.

CONTE LXXI.
LE CURÉ DE VILLAGE
ET LA BONNE-FEMME.

UN chacun à fa guife
Vante fon monde : on croit fouvent
Faire un beau compliment,
Et c'eft une groffe fottife.
Mais qui ne rit d'une bétife,
Dite naïvement ?
Un Curé de Village
Effrayait de fa voix fauvage,

Tous les petits enfans ;
Le Dévot le plus charitable
Eût secoué l'oreille à ses lugubres chants :
Et Rameau l'eût donné de tout son cœur au diable,
    A chaque fois qu'il détonnait,
    Une Vieille de sa Paroisse
    Quittait le livre & larmoyait.
Hélas ! son pauvre cœur éprouvait vive angoisse :
Certain Dimanche enfin, la Bonne tant pleura,
Qu'un Marguillier venant lui prêter assistance,
    A ses voisines demanda
    Le sujet de sa doléance.
La Vieille s'écria : mon Ane est trépassé
Depuis long-temps : de vivre il était des plus dignes ;
Car, voyez, il savait le chemin de nos vignes,
    Aussi bien que son A-B-C.
Or, quand le Curé chante, oui-dà ; que Dieu me damne
Si je ne crois entendre encor braire mon Ane !

N 2

CONTE LXXII.
LE GOSIER ÉTROIT.

Aux champs, ainſi qu'à la Ville,
Langue de femme, inceſſamment frétille.
DÉJA veuve de deux maris,
Une Bourgeoiſe égrillarde,
Jeune, affable & très-bavarde,
Dans les environs de Paris
Poſſédait maiſon de plaiſance :
Tous les Étés, la Dame, avec ſes bons amis,
Y faiſait ſa réſidence.
Pendant la journée on jouait
Au Brelan, puis au Lanſquenet ;
Le ſoir venu, (la coutume était telle,)
On babillait aux portes du jardin ;
Madame préſidait, & mettait tout en train ;
Les Habitans du lieu faiſaient cercle autour d'elle ;

Chacun y difait fa nouvelle :

On y médifait du prochain,

Et fur pareil chapitre, on parlait à merveille.

La diligente Aurore, à la face vermeille,

Plus d'une fois les furprit le matin.

Un foir, que le propos était plus que badin,

La Dame Préfidente, en beaux mots très-féconde,

Dit bien haut : j'aime mieux mettre un enfant au monde

Que d'avaler un œuf. Alors d'un grand fang-froid,

En voici la raifon, dit quelqu'un de l'Endroit :

C'eft que Madame a le gofier étroit.

CONTE LXXIII.

LA BRUNE ET LA BLONDE.

LE changement plaira sans cesse à l'homme :
Mais en amours, vous le verrez sur-tout
D'un mois à l'autre avoir un nouveau goût,
Ou brune, ou blonde, il ne faut pas qu'il chomme,
Seigneurs, Robins, Financiers, Artisans,
Sots, grands Esprits, Bourgeois, Clercs & Pédans,
Tout fait ainsi : tout change de monture.
Si faut-il bien obéir à Nature
Qui pour jouir nous a fait de cinq sens
Le riche don. Je plains les impotens.
Le Philosophe, ami de la décence,
Lui, qui dans tout met de la convenance,
Et n'en connaît que mieux la volupté,
Vous prouvera que c'est dans la constance
Qu'est le plaisir, qu'est la félicité,

Et que pour vivre en bonne intelligence,

Il faut des mœurs, de l'affabilité,

Une humeur douce, un peu de complaisance ;

Et d'un bon cœur la fenfibilité :

Car fans le cœur, qu'eft-ce que la beauté ?

Aimable Loi de la Philofophie,

On vous refpecte. Etes-vous bien fuivie ?

Oh ! point du tout : & bientôt emporté

Par le torrent, on quitte, on eft quitté ;

Et c'eft toujours le même train de vie.

Trève au babil. Meffieurs, pardon du trop.

A mon fujet je reviens au galop.

UN Artifan, diftingué de la foule,

(Il fabriquait Bijoux d'or & d'argent,)

Bon ménager, poffédait du comptant,

Était gaillard, bien taillé, jeune, ardent,

Voire amoureux. Une petite Poule

Qui chez son Maître en ce temps-là servait,

(Poule , entre nous, veut dire ici fillette,)

A ce jeune homme infiniment plaisait.

A tout instant il lorgnait la Brunette

Qu'on appellait la petite Lisette ;

Elle comptait au plus quinze printemps.

Œil bien fendu , peau fine , belles dents ,

Sans falbalas & sans grande toilette ,

Cela piquait bien mieux qu'une Coquette.

Sous le mouchoir, les deux plus jolis monts,

Moitié cachés , levaient, à petits bonds,

Allant, venant , sa gente collerette.

L'Orfévre fit d'abord sa chansonnette.

Qui donc l'Amour ne rend-il pas Poëte ?

A sa chanson , la Pucelle applaudit ,

Ce qui beaucoup le Garçon enhardit.

Langage d'yeux & petits soins suivirent,

Soupirs après. Tous deux enfin tant firent,

Qu'en ſes filets le Dieu d'Amour les prit :
Sans l'un , déja l'autre ne peut plus vivre.
Le doux plaiſir n'eſt pas long-temps à ſuivre.
Mais il fallait du ſecret , c'eſt raiſon :
Sa chambre en ville avait le Compagnon.
A nos.Amans rien n'était plus facile
Que d'y fixer leur charmant domicile.
Je te ferai , Maman , dit celui-ci ,
Paſſer chez moi pour ma petite femme :
Ne l'es-tu pas , en effet , ma chere ame ?
De très-grand cœur , Brunette répond oui.
Dès le ſoir même on ſe met à l'ouvrage
Et les voilà dans leur petit ménage ,
Même on y couche. Or jugez de la nuit.
Gaité , jeuneſſe , amour , un très-bon lit,
La liberté , que faut-il davantage ?
Conſtance hélas ! ſans elle tout périt.

H U I T ou dix mois en bon accord paſſerent :

De s'entr'aimer jufques-là ne ceſſerent.

Chez ſon Marchand, mon jeune homme apperçut

Autre minois, qui faiſait ſon début :

Or, obſervez qu'il voit une Blondine,

Intéreſſante & de taille divine :

Dans ſes beaux yeux la volupté brillait

Et ſur ſon ſein le plaiſir voltigeait :

C'était, je penſe, Hébé ſous l'étamine.

Par Belſébuth, notre Gars excité,

Devient fou d'elle, & ſans difficulté

Il vous oublie & Liſette & promeſſe

Et ſermens même : il trahit ſa Maîtreſſe.

C'eſt un cas grave & dont on eſt puni

Qui tôt, qui tard. Il ne faut chercher noiſe

A ſon tendron. Notre Orfévre ébloui

Des doux attraits qui ſon cœur ont ravi,

Sous peu de jours la Blondine apprivoiſe.

Expert était. Tout fut bientôt conclu :

Fruit eſt meilleur quand il eſt défendu ;

Il réſout donc & ſe fait grande fête

D'avoir chez lui ſa nouvelle conquête ;

Parole il donne au Dimanche prochain ;

Et pour ſe mettre à couvert de tout train ,

Ce jour-là même , il engage Liſette ,

Puis un Ami , d'aller à la Guinguette.

Je ſuis , dit-il , par l'ouvrage preſſé ,

J'irai , ſitôt mon travail avancé ,

Vîte vous joindre. Il faut de la Partie

Mettre aujourd'hui ta petite Apprentie ;

Le temps eſt beau : jouiſſons de la vie.

Très-tendrement , on s'embraſſe & l'on part.

A la Barrière , (eſt-ce effet du hazard ?

Preſſentiment ?) Notre Amante agitée ,

Triſte , penſive & toute inquiétée ,

Un peu plus loin ne peut faire un ſeul pas ,

Dit à l'Ami qui lui donne le bras ,

J'ai quelque chofe à porter à ma Tante
Tout ici près. Faut que je la contente :
Allez toujours vous rendre à tel endroit,
Dans un inftant j'y fuis. L'Ami la croit.
Par pur inftinct, Lifette prend la route
De fon logis, où le Deftin, fans doute,
La conduifait : adieu la parenté ;
Tante n'était qu'un prétexte inventé
Pour camper là l'importun perfonnage.
Lorfque l'on a fon efprit tourmenté,
Quitter quelqu'un, c'eft fortir d'efclavage.
Son Apprentie en trotant la fuivait,
Et fous leurs pas chemin difparaiffait :
Elles étaient toutes les deux en nage ;
Bref, les voilà près de leur voifinage,
Jufqu'au logis, il ne faut plus qu'un faut.
Lifette dit à la petite fille
Mamie, hélas ! vite monte là-haut,

Tourne la clef. Oubli j'ai fait tantôt

D'un éventail. C'est meuble fort utile

Pour le préfent; car je me meurs de chaud;

Fillette monte & trouve porte clofe;

Elle defcend pour raconter la chofe:

Ah! mon bon Dieu, dit Lifette en courroux,

Dupe je fuis. Pourquoi filer fi doux?

Pourquoi, pourquoi méloigner de chez nous?

Le traître! il eft épris de nouveaux charmes:

Là-haut, friponne, il vous tient dans fes bras.

Pour le préfent, je ne m'étonne pas

De mon fouci, de mes vives alarmes;

Puis fur le champ d'enfiler l'efcalier:

Elle n'eft pas plutôt fur fon palier

Qu'elle vous frappe à fendre en deux la porte.

C'eft un démon que la fureur tranfporte:

Point ne répond le jeune homme furpris;

D'ailleurs fa chambre eft conftruite de forte,

A ne donner le change aux ennemis.

Lisette enfin voit tout par le pertuis ;

La Blonde était confuse, épouvantée ;

Dans ce désordre où l'Amour se plaît tant,

Pâle, interdite & le corps tout tremblant ;

La fleur d'orange à terre était jettée,

Et l'on voyait quelques brins du bouquet

Éparpillés sur le haut du corset.

La chère Enfant ne savait où se mettre ;

Traître, tu peux ainsi me compromettre !

Disait Lisette, en ne jettant qu'un cri :

Homme sans foi, fourbe, cœur endurci,

Meurs donc de honte à tel charivari !

Et toi, Catin, que le grand diable emporte,

Qui viens ici m'enlever mon mari,

Vas, je te vois, j'aurai bientôt main-forte.

A ce vacarme, on croit que les Lutins

Abandonnant les rives du Cocyte,

A la maison viennent rendre visite.

Sur l'escalier accourent les voisins ;

Cette aventure a de quoi les surprendre :

Et l'Ouvrier, comment va-t-il s'y prendre

Pour faire face au plus grand embarras ?

Lisette en feu, vous frappe à tours de bras :

L'Orfévre dit à l'autre à moitié morte :

Dans ce coin-là, tapis-toi, mon enfant.

Blonde répond : mais s'il faut que j'en sorte,

Ta femme va m'assommer en partant :

De pis en pis, toujours va le tapage.

L'Amant enfin, s'avise d'un bon tour

Que lui suggère apparemment l'Amour.

Nécessité ranime le courage :

Sans plus tarder, il prend les draps du lit,

Ouvre, en laissant la porte entre-baillée ;

Lisette pousse : il recule, & sans bruit,

Vous la voilà du linge entortillée ;

La Brune pefte & pourfuit fon fabbat,

Puis il fait figne à la Blonde effoufflée

De fuir, tandis que fi bien affublée,

Pour fe montrer, l'autre en vain fe débat.

Notre Pouponne, hélas! dans quel état

Paraîtra-t-elle aux yeux de l'Affemblée,

Qui l'efcalier borde de haut en bas?

Qui ne plaindrait de bon cœur fes appas?

Toujours de l'œil, le jeune homme la preffe.

Elle n'ofait. Pars donc, pauvre diableffe,

Dit l'Artifan. Blonde franchit le pas.

A chaque marche elle endure avanie,

Et coups de pieds reçoit de l'Apprentie:

Le voifinage en rit jufqu'aux éclats.

Pour ma Lifette, elle fe débarraffe

Du double drap, & de fon poing menace

Son traître. Eh-bien, après tout, lui dit-il,

Sans être ému; tu dois être contente;

L'événement

L'événement répond à ton attente.

De l'amitié, vas, renouons le fil :

Pour tes beaux yeux ne l'ai-je pas chaffée ?

— Oui : mais avant tu l'as bien careffée.

— Non, je le jure, & le temps m'a manqué.

J'en ai le cœur un peu moins fuffoqué,

Reprit Lifette, & puis fait la gambade ;

La paix. Alors, ris, baifers, ne font qu'un.

Le Couple enfin part pour la promenade

Et va gaîment joindre l'Ami commun.

CONTE LXXIV.

LA MACHOIRE D'ANE.

IL ne faut pas à la haute stature
Se fier trop. Beaux mignons de nature
Sont quelquefois dépourvus de bon sens,
Et l'on voit Nains, gens de laide encolure,
Bossus sur-tout, par mille traits saillans,
Dédommager, même à très-forte usure,
Du triste aspect de leur plate figure.

UN jour d'hyver, les Chevaliers Maltois
S'entretenaient sur certaine descente
Que devaient faire en la saison suivante,
Les Ottomans, grossiers & discourtois :
Il s'agissait de cent mille Gendarmes,
D'un (a) turban verd le front environné ;

______

(a) Les Janissaires, principale milice du Grand Seigneur.

Tous apportant le fer & les alarmes
Au sein de l'Isle. On était consterné ;
Un des Messieurs (le fait est véritable,)
Portait le nom de ce Juif courageux,
Aux Philistins, jadis si redoutable ;
Quant à la tête, il avait des cheveux.
Ce chevalier de petite structure,
Ratatiné, borgne, tout contrefait,
N'ayant, rien moins, que la démarche sûre,
Fort mal nommé, sans contredit, était.
Il arriva, qu'un de la compagnie
Dit froidement, pourquoi tant de clameur ?
Nous n'avons pas sujet d'avoir grand'peur :
J'incague, moi, le Turc & sa furie.
Eh ! n'est-il pas parmi nous un Samson ?
Seul il suffit pour détruire l'Armée
Que Mahomet contre Malte a formée :
Tout doit céder à cet illustre nom.

On rit beaucoup du propos ironique.

Le Gentilhomme y fit cette réplique :

Comment ! Monſieur , vous raiſonnez fort bien ,

Et je ſuis ſûr de cinq ou ſix victoires ;

Mais au ſuccès pour qu'il ne manque rien ,

Prêtez-moi donc une de vos mâchoires.

CONTE LXXV.
LE VOITURIER.

SANS refpecter des rangs le fragile avantage,
Jufte diftinction, peu connue au Village,
L'homme qui vit aux champs, hardiment ingénu,
Sans gêne, à tout répond : c'eft la Nature à nu.

UNE grande Charette, horriblement chargée,
Froiffe dans un chemin la Chaife d'un Prélat :
Ses Laquais irrités, font le plus grand éclat :
Mais fa Voiture en rien n'était endommagée.
Le Cocher avait beau tancer le Voiturier,
Et des plus gros propos, même l'injurier,
Celui-ci tenait ferme, & n'était point en refte.
Par la portiere enfin, le Prélat d'un ton lefte :
— Arrête, ou mes panneaux feront bientôt brifés,
Tu parais mieux nourri qu'appris. Sans aucun doute,
Monfeigneur, reprit l'autre, en dégageant la route,
Car nous nous nourriffons, & vous nous inftruifez.

CONTE LXXVI.
LA QUERELLE.

Furieuse du défordre
Où fe trouvent fes appas,
Traînant le défefpoir, & l'ennui fur fes pas,
Toute Vieille eft méchante & ne cherchequ'à mordre.

A u fortir du grand Opéra,
Une jeune perfonne auffi douce que belle,
Pour danfe, mufique, dentelle,
Et puis quelque autre objet de cette force-là,
Eut avec une Vieille une vive querelle.
Sur le champ la Sempiternelle,
Bouche torfe, œil hagard, injures déclama,
De petite Catin traita
Notre élégante Demoifelle :
Ce gros mot n'eft pas bagatelle,

A la Sans-dent le change fut donné :
Vous tairez-vous enfin, vieille Sorcière?
Bon, au parfait, repartit la Douairière;
Vous jugez donc que j'ai bien deviné?

CONTE LXXVII.

LE MARI PRÉSOMPTUEUX.

L'Amant ne doit avoir trop de présomption,
Le mari point du tout, s'il a de la raison.

Certain Bourgeois difait à fa Moitié gentille,
Ma Mignonne, je crois qu'il n'eft dans cette Ville
Qu'un feul homme parbieu qui ne foit pas cocu.
Qui donc dit la Pouponne; & mais, le connais-tu?
L'Époux répond, petit Cœur tu veux rire;
Tu le connais auffi; malgré cela j'admire

Ta modeſtie & ta diſcrétion,

Rien ne m'amuſe tant que ta diſtraction.

Mon cher Ami, repartit-elle,

Tu me cauſes grand embarras,

J'ai beau chercher; foi de femme fidelle,

De par Saint Jean, je ne le trouve pas.

CONTE LXXVIII.
LE BEL HABIT.

Combats d'eſprit, ſont ſpectacle amuſant :
On aime à voir eſpiègle contre eſpiègle.
L'un porte un coup, l'autre pare à l'inſtant :
A qui mieux mieux. Ainſi tout eſt en règle.

Tourmenté du malin,
Un ſécond Écrivain
Qui tous les jours vendait à ſa Boutique

Quatrains, Bouquets, Ode, Opéra, Cantique,
   Pour édifier le prochain ;

  En un mot l'Abbé *(a)* Pellegrin,

Au Caffé de Procope, à Piron fit reproche

De porter un habit trop brillant & trop fin.

    Quoi ! galonné jufqu'à la poche,

     Lui dit–il d'un air doux !

    Tel habit n'eft pas fait pour vous.

    L'autre répond : Singe d'Apôtre ,

   Vous n'êtes pas fait pour le vôtre.

(*a*) C'eft de ce Prêtre Provençal qu'on a dit :

Le matin Catholique & le foir Idolâtre ,
Il dine de l'Autel & foupe du Théâtre.

CONTE LXXIX.

HOMÈRE ET MILTON.

Qu'est-ce que le Génie ? une rapide flâme

Qui pétille, étincelle & vient embrâfer l'ame.

O Génie ! ô des Arts étonnant Créateur !

Des belles actions, la fource & le moteur,

Moins promptement que toi, les flèches du tonnerre

De l'Olympe entr'ouvert s'élancent fur la terre.

Sur le trône des airs, affis avec les Dieux,

Tu fis les grands tableaux, tu fis les vers heureux.

Oui, ton fouffle de feu forma le caractère,

Et du brûlant Milton & du fublime Homère.

La Nature en filence eft foumife à tes Loix,

Tu fais fléchir les Cieux, tu commandes aux Rois :

Fier, libre, indépendant, ennemi des entraves,

Ton œil vif & hardi, fuit un Peuple d'Efclaves.

HOMÈRE sut tout peindre, à l’aide des beaux vers,

Les Combats, les Amours, Vénus & sa ceinture.

L’Imagination lui soumit la Nature;

Son vol impétueux embrassa l’Univers.

Milton, dur, inégal, plana dans les ténèbres :

Sa trompette sonna sur le plus triste ton

De nos premiers Parens les disgraces célèbres ;

Il osa dans le Ciel, porter du gros canon.

  Lisez & relisez Homère ;

D’un pas majestueux, il parcourt la carrière,

Subjugue les Esprits, agrandit les Héros.

Chez le hardi Milton vous trouvez un cahos

Dont il sort quelquefois la plus vive lumière.

  Souvent Milton étonnera ,

  Toujours Homère charmera ;

Des plus aimables fleurs il parsème ses traces.

Inventeur de son Art, certes ce fut aux Graces

Que sans cesse sacrifia
Et d'Achille & des Dieux le Chantre inimitable ;
Mais pour Milton, ce fut au diable.

CONTE LXXX.

LE MAL D'AMOUR.

O Rabelais ! ô toi, Maître passé
En dits joyeux, en piquantes saillies,
Gai Créateur de mille espiégleries ;
O toi, qui fus par Momus encensé,
Quand tu chantais les Vêpres au Parnasse !
O Médecin, Conteur, Prêtre & Curé !
Ici, par toi, je veux être inspiré :
Tu me le dois ; car je suis de ta race :
De ton esprit, fertile en traits plaisans,

Sur moi chétif, lance quelque étincelle.

Ta renommée à jamais immortelle,

Protégera l'un de tes (*a*) defcendans.

Qui ne connaît d'Amour la maladie ?

Le gentil mal au printems de la vie !

Le fang bouillonne, & fitôt que l'on voit

Une fillette élégante & jolie,

L'œil eft en feu, l'on aime à la folie ;

Si faut-il bien que pour femblable exploit

Tant foit peu d'art nous indique la route.

Nature a beau nous infpirer, fans doute :

On trouve Efprits qui font tout à la fois

Vifs & bornés ; on leur en fait accroire ;

Toujours dupés par le premier matois,

L'occafion leur donne enfin victoire ;

____

(*a*) La Bifayeule de l'Auteur était coufine iffue de Germaine de Rabelais.

Témoin, Messieurs, le jeune Villageois
Duquel je vais vous crayonner l'Histoire.

U n Paysan du Mans (Blaise est son nom)
Lourd & trapu, bête autant que sauvage,
Un mal avait très-commun à son âge,
Ça l'attristait. Bref, ce pauvre garçon,
Par un matin, au Frater du Village
Conta son cas. Oui, Maître André, j'enrage,
Lui dit le Gars, avec son ton benoît,
Je ne sais quoi, j'ai dans certain endroit,
Qui quelquefois me cause meurtrissure.
Oh! oh! mon drôle. Or voyons ta blessure,
Dit sur le champ le Guérisseur adroit.
Tu-Dieu, l'Ami, c'est grande maladie
Que nos Auteurs nomment mal d'amour ;
Te soulager n'est pas l'œuvre d'un jour.
Blaise repart : Sainte Vierge Marie,
Promptement donc ; car je souffre en damné.

— Suis-moi. Le Ruſtre à l'inſtant eſt mené
Par le Barbet du divin Eſculape,
Auprès du Puits : André la corde attrappe,
Tire un ſeau d'eau.—Garçon, mets-toi tout nu.
— Oui-dà : mon mal n'en ſera que mieux vu ;
Puis, m'y voila.—Jambes bas, mains à terre,
Deſſus le ſeau faut t'accroupir.—Qu'y faire ?
Trempe-toi bien, cria-t-il à ce ſot
Et puis, je vais prononcer certain mot.
Ce pauvre diable aucun bien n'en éprouve ;
Le triſte état, dit-il, où je me trouve !
Reviens demain : c'était Dimanche.— Oui-dà.
Mais au Lutrin , Maître, qui chantera ?
Mais qui tiendra le ſel pour l'eau bénite ?
— Butor, reviens après la meſſe dite.
— Auſſi ferai.— Bon-jour. Le Villageois
Retourne aux champs de frayeur tout pantois.

L e lendemain , André court les malades,

Puis aux mentons vient faire eſtafilades
Dans la boutique. Il conte & conte encor
Le cas ſuſdit, ſon eſprit prend l'eſſor ;
Je veux dit-il, du gros Païſan Blaiſe,
Plus d'un jour, oui, m'amuſer à mon aiſe :
Jamais vit-on de ces ſimplicités ?
Sa femme en rit à tenir ſes côtés ;
C'était Commère & vive & pétillante,
Bien rebondie, en tout point, agiſſante,
Même faiſant dans ſa maiſon la loi.
Gros Blaiſe, hélas ! ſe dit-elle à part ſoi,
Tu vaux de l'or ! elle ſavait pourquoi.

LA Meſſe ſonne, au premier coup de cloche,
De la Paroiſſe, à grands pas on approche ;
Arrive André qui détaille aux manans
Toute l'Hiſtoire ; on éclate de rire ;
La foule augmente : A tous les Habitans

Son

Son fausset aigre a grand'peine à suffire.

Les Marguilliers & les Enfans de Chœur,

Le Magister, le Bedeau, le Quêteur,

Tout reste enfin aux portes de l'Eglise :

Or le Curé (jugez de sa surprise,)

Se trouve seul, chasuble sur le dos ;

Vîte il accourt mettre fin aux propos,

Tance les gens, les traite de canailles,

Du goupillon frappe sur ses ouailles,

Et les damnant de la part du bon Dieu,

Vous les fait tous rentrer dans le saint lieu.

Mais laissons-les ouïr & Messe & Prône,

Et pas à pas suivons notre Benêt,

Que son état de plus en plus étonne.

Celui-ci donc avait laissé tout net

Sel, eau bénite, & Messe de paroisse,

Tant son bobo lui causait de l'angoisse :

Chez le Barbier accourt le gros Butor :

P

A la maison la femme était encor.

— MADAME André, mon mal me désespère :
Votre mari ne me soulage point.
Montre ton mal, lui répond la Commère
En souriant, observe point à point
Ce que dirai, sur-tout laisse-toi faire :
Monsieur André se moque un peu de toi :
Mais je te vais révéler ce mystère,
Et tu seras bientôt guéri ma foi,
Montons là-haut (c'était à la soupente
Où le Soleil passait par une fente,)
Au petit jour, elle prend sous le lit
Un pot d'onguent, puis la Commère dit :
Garçon, approche. Ah ! qu'à cela ne tienne,
Lui repart Blaise en ouvrant de grands yeux.
—Plus près.—J'y suis.—Encore, bon : sans peine
Tu vas guérir. — Oui-dà. — Reprends haleine.
— Le bon onguent ! que je suis soulagé !

Oh ! Dame auffi , c'était bien arrangé.

— Pars vîte , il faut te trouver au fervice.

— Et fi mon mal me reprenait demain.

— Tu reviendrais. — Je reviens pour certain]

Car cettui mal eft pire qu'un Lutin :

Et puis d'un trait , il s'enfuit à l'Office.

Tout était dit : à cent pas du parvis.

On l'apperçoit ; on redouble les ris.

André criait : il revient, je parie ,

De la maifon pour fe faire pancer ;

Plus d'une fois je veux recommencer.

Blaife s'approche ; alors par moquerie ,

Le Frater dit , tu ne m'as pas trouvé ,

Viens-ça ; partons ; ton mal eft aggravé.

Tu dois fentir douleur épouvantable.

— Nenni , vraiment, beau guériffeur du diable :

Vous n'êtes-dà qu'un gros Ane , entre nous.

Votre femme… Elle entend ça mieux que vous.

Pardi, faut voir comme celle-là pance :

Quitte je fuis du chien de mal d'amour ;

Et, Maître André, s'il faut qu'il recommence,

Seule, elle peut me guérir du retour,

Qui fut penaud ? L'Opérateur je penfe.

Chacun difait, la femme du Barbier,

A fon mari montrera le métier.

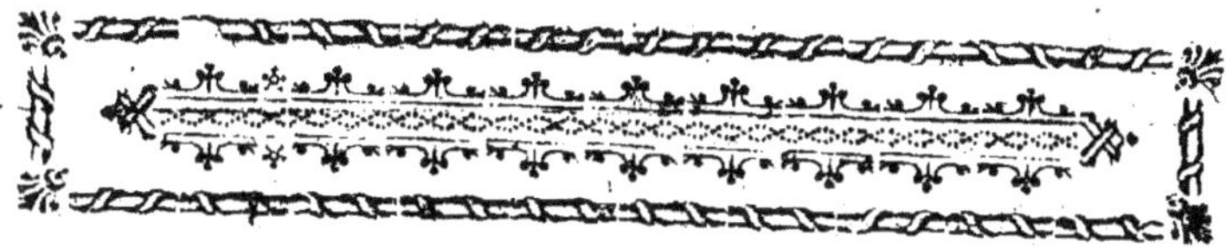

ÉPILOGUE.

MA Muse est simple, & partant fort unie,

Assez souvent on creuse son cerveau,

On mord ses doigts, pour trouver du nouveau.

Qu'arrive-t-il ? tout ce fatras ennuie :

C'est à vous seuls, Amans de Polymnie,

A rechercher les plus mâles accens,

Quand vous chantez & les Dieux & les Grands.

Entre vos mains, je laisse la Trompette ;

Et préludant sur mon humble musette,

Je risque un vers ou naïf, ou badin.

Très-loin je suis de trouver le chemin

Du Temple auguste, où par les neuf Pucelles,

A chaque Auteur, le rang est assuré.

On ne parvient au haut du Mont-Sacré,

Qu'en produifant des Œuvres immortelles.

Ce n'eft pas moi, faifeur de Bagatelles,

Qui dois compter fur un pareil honneur.

Pour voler haut, il faut de bonnes aîles;

De les avoir, je n'ai pas le bonheur.

TABLE
DES CONTES

CONTENUS DANS CE VOLUME.

Fin de la Table.

FAUTES A CORRIGER,

PAGE 30, vers 16,

L'Augufte Mèr , een foupirant ;

Lifez ,

L'Augufte Mère , en foupirant.

Page 73 , vers 12 ;

Dans la grande Salle d'Affemblée

Lifez ,

Dans la grand' Salle d'Affemblée.

AVIS AUX RELIEURS

Pour placer les Cartons & l'Estampe.

Premier Carton, Feuille D, page 57.

Second Carton, Feuille G, page 111.

Troisième Carton, Feuille H, page 125.

Quatrième Carton, Feuille H, page 127

On placera l'Estampe au devant de la page 3.